KB186339
GAPPAY
중앙119구조본부
SEARCH & RESCUE

더 도그

The Dog

EBS

EBS 다큐프라임 <더 도그> 제작진 지음

The Dog

더 도그

너와숲

차례

들어가는 글

20여 년간 다큐멘터리를 제작해온 우리는
개와 관련된 역사책 속 이야기에 주목하게 되었다.
사람을 도와주는 존재로, 조연으로 빛났을지는 몰라도
주연으로서 이야기를 끌어가지는 못했던.
역사의 중심은 인간이었으니, 어찌 보면 당연한 일이다.
그렇다면 개를 주인공으로, 인간과 개가 공존해온 역사를 찾아 떠나는 역사 여행 콘텐츠를 만들면 어떨까? 개와 인간 모두에게 아주 특별한 이야기가 되지 않을까?
이 질문이 〈더 도그〉의 시작이었다.

그런데 제작진 내외부에서 반대의 목소리가 거세게 일었다.
"지금 이 시기에 개 이야기가 중요해?"
"개와 관련된 역사 이야기를 알아봤자 우리 삶에 도움이 되겠어?"
"문제가 있는 개에 관한 솔루션 콘텐츠나 귀여운 영상만 좋아하지 누가 고리타분하게 개와 인간의 공존 역사 같은 콘텐츠를 보겠어?"

처음 〈더 도그〉를 기획했을 때 우리가 들었던 이야기다.
사실 기획을 하면서도 시청자들의 호응이 있을지, 시청률이 얼마나 나올지 고민되었던 터라 딱히 대답할 말이 떠오르지 않았다.
얼떨결에 나온 대답이 "모르고 살아도 먹고사는 데 지장은 없는데, 개의 역사가 인간의 문화나 역사와 맞닿아 있다는 걸 말하고 싶은 거야. 우리가 몰랐던 역사적 사실이나 문화를 보여준다면 지금 이 시대에 분명 의미 있는 작업이 될 거야!"였다.

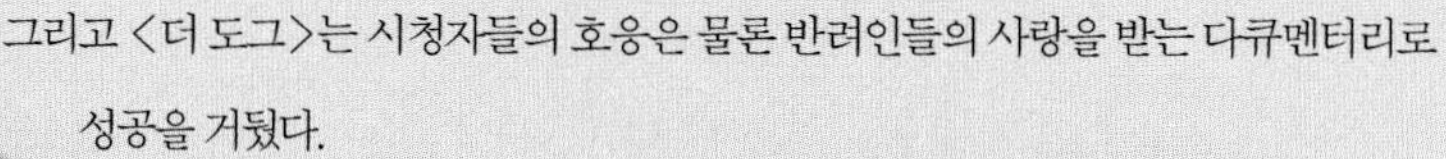

그리고 〈더 도그〉는 시청자들의 호응은 물론 반려인들의 사랑을 받는 다큐멘터리로 성공을 거뒀다.

신으로 추앙받은 존재,

가족을 지키는 수호신,

전쟁을 함께했던 전사,

지옥문을 지키는 저승사자 등

자연환경에 따라, 인간의 생활 방식에 따라, 그리고 인간의 사상에 따라
개의 삶과 환경은 부침을 보였다.
그렇게 우리의 생각보다 깊숙이,
개들의 역사는 인간의 역사와 맞닿아 있었다.
그리고 그동안 몰랐던 더 새로운 이야기들을 들을 수 있었다.

이제는 반려견으로 불리는, 우리의 가장 가까운 친구이자 가족으로 자리매김한 개.
우리 인간과 어떻게 관계를 맺어왔고, 우리의 존재가 개에게 어떤 의미를 가지는지
아는 것은 가족이자 친구인 반려견을 진정으로 알게 되는 길일 것이다.
〈더 도그 시리즈 1〉에서 이야기한 살루키, 저먼 셰퍼드, 방카르, 이들 견종을 시작으로 세계의
문화와 역사를 아우르는 개와 인간의 공존 여행은 계속될 것이다.
전 세계 수많은 개들의 과거와 현재를 아는 것은 진심으로 우리가 사랑하는 반려동물을 위한 길이 될
것이라고 확신한다.

다큐프라임 〈더 도그〉 제작진 씀

1부

신이라 불린 개

살루키

황금빛 모래가

파도처럼 너울대는

아랍의 사막.

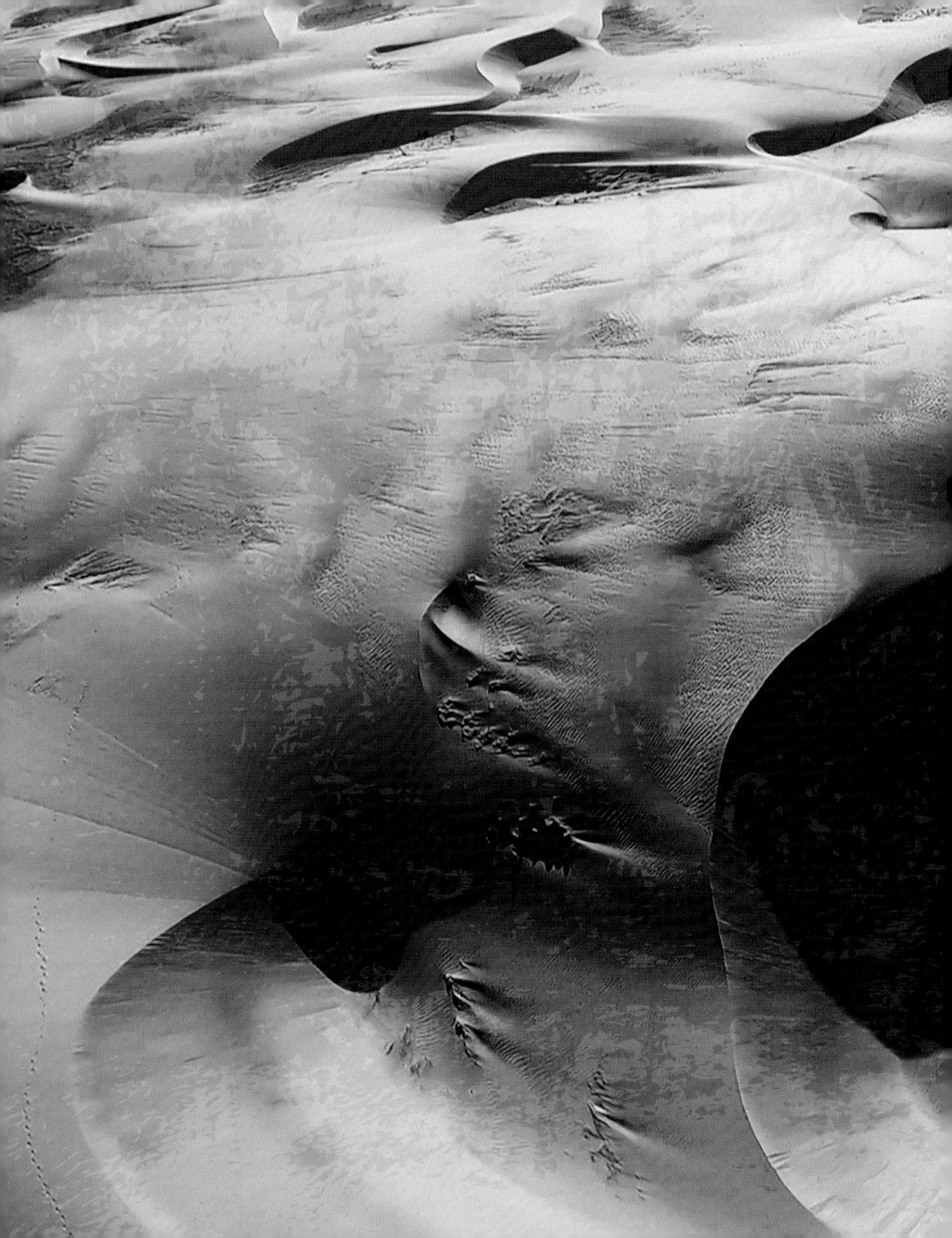

척박한
땅에서도
생
명
은
태어났다.

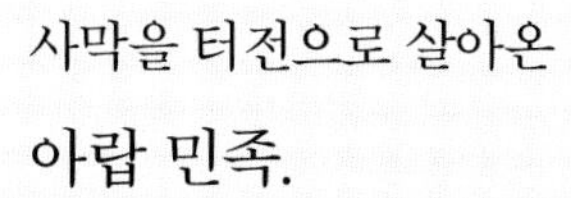
사막을 터전으로 살아온
아랍 민족.

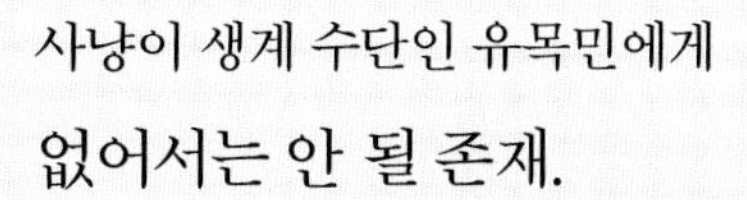
사냥이 생계 수단인 유목민에게
없어서는 안 될 존재.

우아하고
섬세한
외모와 달리,

목표물을 쫓는
강한 본능으로

신성한 사냥꾼이라
불렸다.

아랍 민족과 함께한 특별한 개의 역사는

수천 년을

거슬러

올라간다.

고대 이집트 파라오에게

사랑받은

인류 최초의 애완견.

사막의 안내자로
사냥과 전쟁,
심지어 죽음의 길까지
함께했기에

사후 세계로 인도하는 신
아누비스라 불린,

이 개는 '살루키'다.

척박한 사막에서 시작된 아랍의 역사.

그러나
메마른 땅의 오
아
시
스
처럼

그들이 꽃피운 문명은
아름답고 찬란했다.

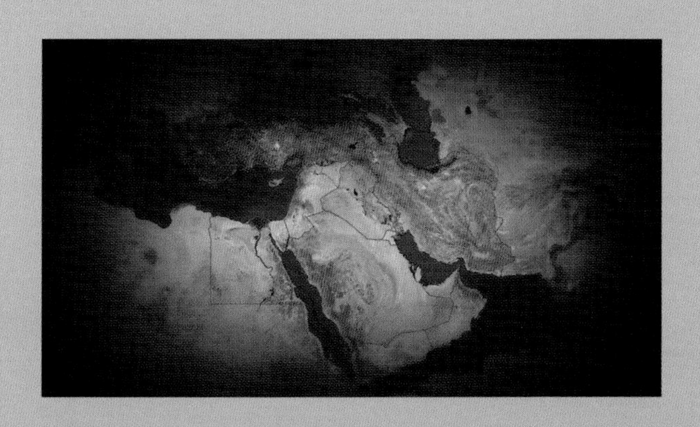

이집트 문명의 발전과 함께
아랍 문화권 전역으로 퍼져 나간
살루키.

수천 년이 흐른 지금,

사막 위에 세워진

아랍 국가들은 과거를 넘어

새로운 경제 허브로

주목을 받고 있다.

아랍에서 가장 오래된 유목민인
베두인족의 정착지.

도시의 발전은 이들에게도 변화를 가져왔다.

한낮의 체감 온도는 섭씨 40도,

사막에서 나고 자란 마즈윤도
견디기 힘들 정도다.

베두인족은

더는 사막에서

생활하지 않는다.

큰 농장에서

품질 좋은 여러 마리의 말을 키우고,

사막에서 사냥을 해 얻던 고기는

염소를 키워 대신한다.

마 즈 윤

'사슴'이란 뜻의 이름은
나사르가 지어 준 것이다.

한때 사막을 주름 잡던

낙타도 있다.

낙타에게 다가간 나사르가
낙타가 놀라지 않게
섬세한 손길로 젖을 짜는데,

냄새를 맡은 새끼가
어느새 다가와 보채지만,

안타깝게도
어미젖의 주인은 따로 있다.

마즈윤의 아내,

하비비

일주일 전

살루키 다섯 마리를
낳았다.

눈도 뜨지 못한 새끼들이
앞다투어 어미젖을 찾는 바람에
몸을 일으킬 수조차 없는데.

아직 어린 녀석들이
어미의 힘든 사정을 알 리 없다.

어린 살루키에게서 눈에 띄는 것이 있다.

이마 한가운데
하얀 털을 가지고 태어나야

순수 혈통 살루키로 인정받는다.

'알라의 키스'
THE KISS of ALLAH
아라비안 살루키만 특별하게 갖고 있다.

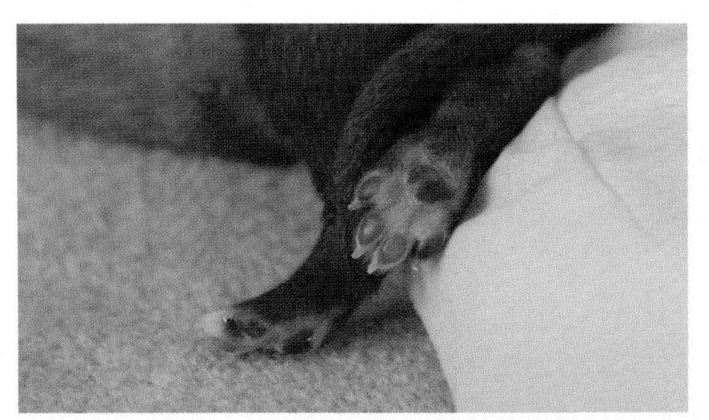

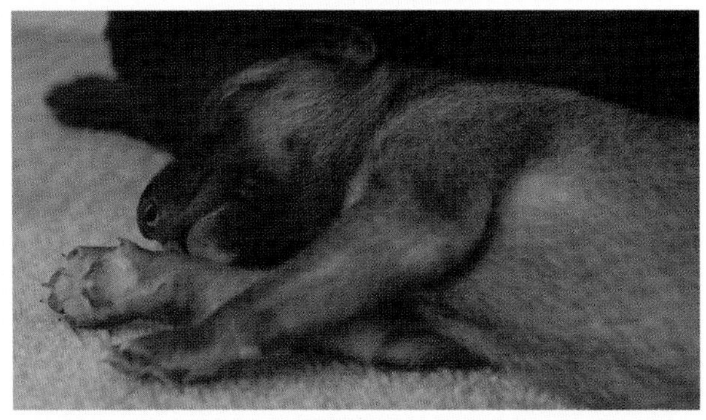

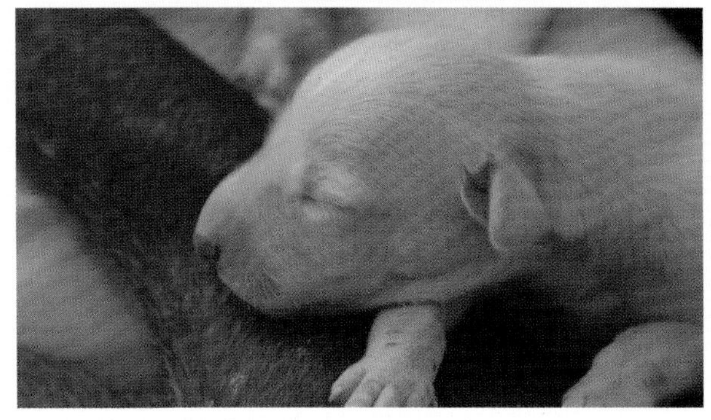

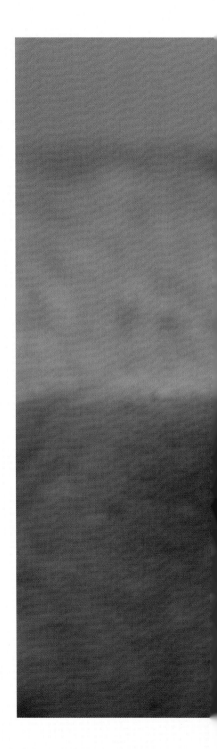

'알라의 키스'는 생후 한 달이 됐을 때
가장 또렷해진다.

베두인족은 살루키를 알라신의 선물이라 여겼다.

살루키가 크면서
하얀 털은
점차 사라진다.

대신 이때부터
빠른 속도로 성장하기 시작한다.

엄청난 활동량을 자랑하다 보니,
넓은 우리가
좁게 느껴질 정도다.

훈련을 마친 살루키는

특별한 외출에 나서게 된다.

모
두
가

기다렸던 순간.

시대가 변해도
베두인족에게

사막은 고향이다.

아버지가 가르쳐 준 길을 따라가도
자칫 방심하면 모래에 빠지기 일쑤다.

운이 나쁘면 사막 한가운데 남겨질 수도 있다.

아무리 빠르고 편해도
사막에서 차를 타고 사냥할 수는 없다.

베두인족은 자신의 뿌리를 잊지 않기 위해

매년 12월,
어김없이 사냥에 나선다.

아랍에미리트에서
사냥은 법으로 금지됐지만,
허락된 구역에서는
가능하다.

나사르와
그의 친척들은
이날을
손꼽아 기다려 왔다.

사냥은
짧게는 하루,
길게는
며칠씩 계속되기도 한다.

모든 준비가 끝나면

이 제 살 루 키 의 차 례.

베두인족의 사냥에서 빠질 수 없는 존재다.

사냥에서 중요한 것은
사냥감의 습성과 행동 방식에 대한 이해.

그래야 넓은 사막에서
사냥감의 위치를 추적할 수 있다.

척박한 사막이
삶의 터전이었던 베두인족에게

사냥은

생
존
의

문 제 였다.

굶지 않기 위해
무엇에든 의존해야 했던 그들은
사냥을 위해
살루키를 길들였다.

가젤의 먹이는
수분을 가득 머금은
어린 싹이나 풀.

발자국과 흔적을 좇아 더 깊은 사막으로 들어왔지만,
어떻게 된 일인지 사냥감이 보이지 않는다.

하지만 위기의 순간,
살루키의 능력은 빛이 났다.

인간의 눈에 보이지 않는 것이
살루키의 눈에는 보이기 때문.

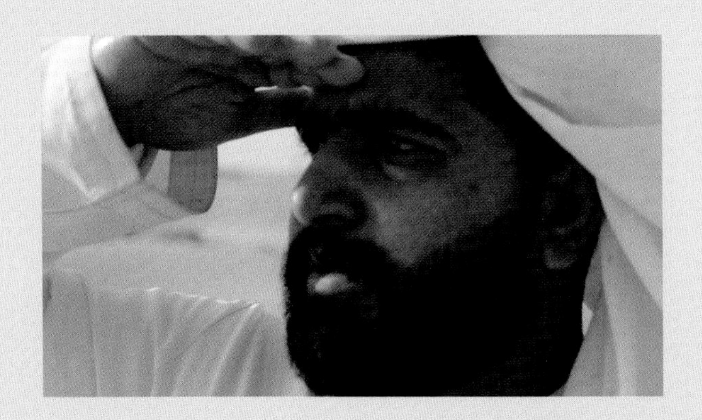

먼 　　사막에서

무
언
가
를 발견한 살루키.

모래바람인가 했더니
진짜 가젤이다.

줄을 풀자,
기다렸다는 듯 질주한다.

이제부터 인간의 능력을 벗어난 사냥이 시작된다.

오래 달릴 수 있는 큰 심장과
빠르게 달릴 수 있는 긴 다리로

순식간에
목표물을 따라잡는다.

살루키는 베두인족이
도착하기 전까지는

절대 사냥감을 물고
놓지 않는다.

사냥개는 어떤 상황에서도
욕망을 억제할 줄 알고,

힘든 환경을

견디도록
훈련받는다.

베두인족에게

살루키는

훌륭한 사냥 파트너이자,

힘든 유목 생활을 함께한
오랜 친구다.

나사르의 개들 중 가장 빠르고 민첩한

클 래 식

얼마 전 사냥을 하다 미끄러져

부상을 당했다.

나사르는 자기 탓인 거 같아

마음이 편치 않다.

혹시라도 예전처럼

달리지 못하게 되는 건 아닌지.

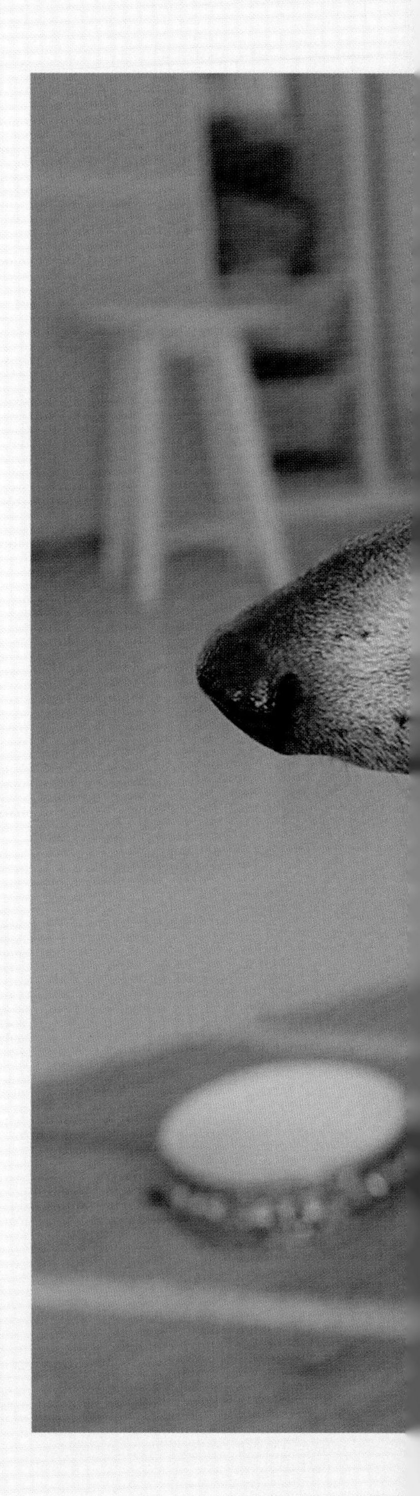

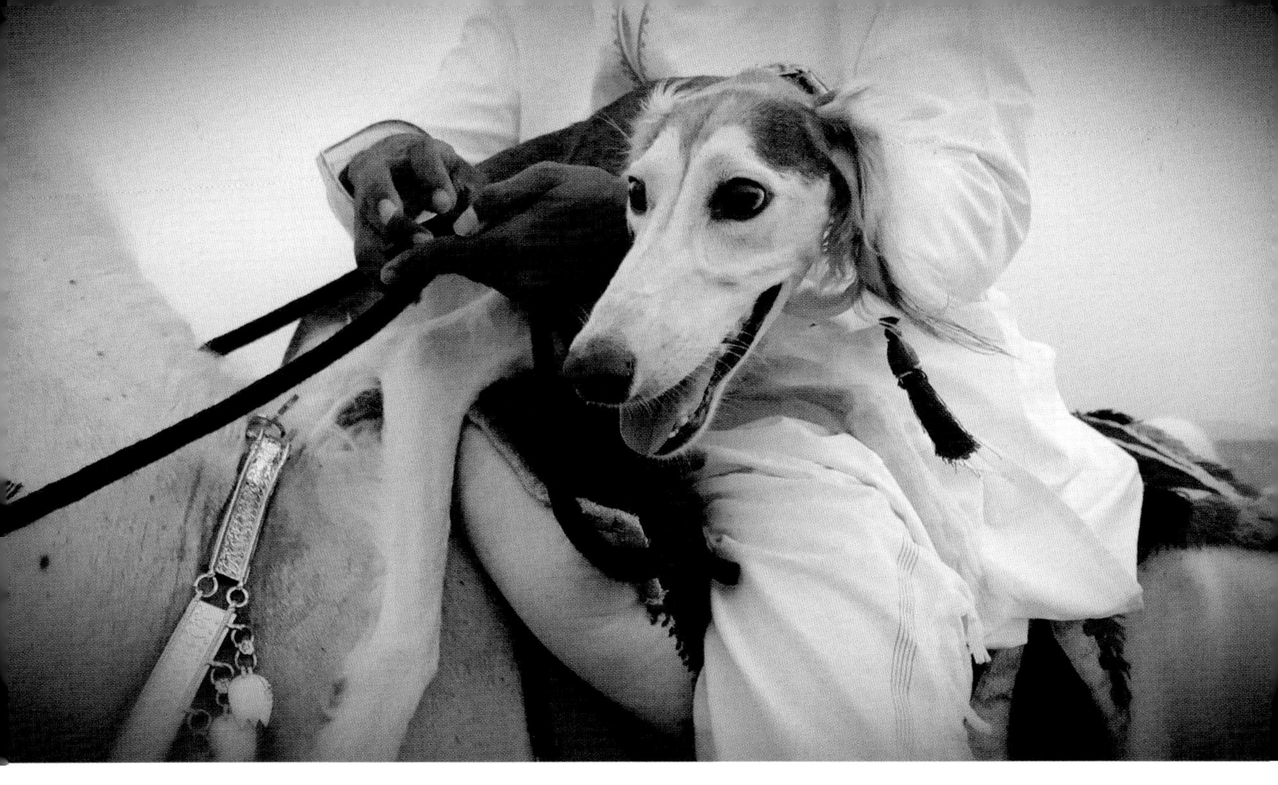

베두인족에게 살루키는

단순한 사냥개가 아니다.

그들은 살루키를 신성하게 여겼고,

사냥할 때를 제외하고는
낙타와 말에 태우고 다녔다.

또한 살루키를 묘사할 때
다른 동물들에게는 하지 않는 인간적인 표현을 썼다.

베두인족은
살루키의 뛰어난 사냥 능력을
자랑스럽게 여기며,

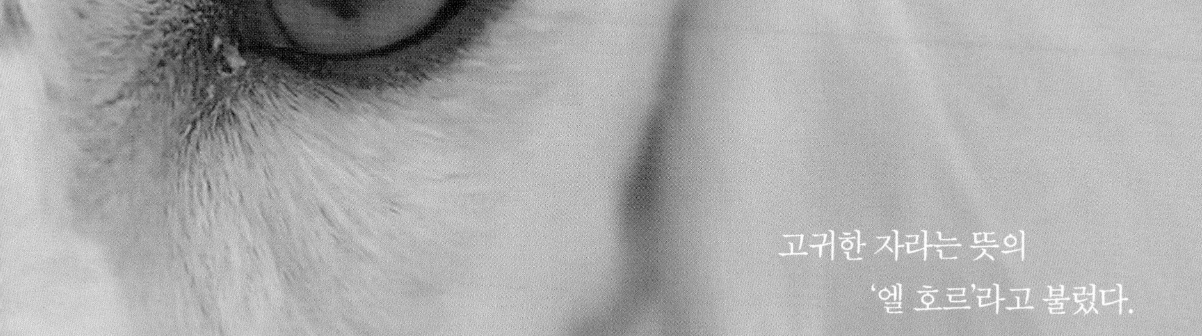

고귀한 자라는 뜻의
'엘 호르'라고 불렀다.

살루키의 역사는 언제
시작됐을까.

뾰족한 귀에
목이 긴 개.

사자를 사냥하는
모습을 그린 이 석판은
살루키가 이집트 왕의
사냥개였다는 사실을
보여 주는 최초의 유물이다.

살루키가 이 지역에 존재했다는
고고학적 증거는
적어도 6,000년 전으로 거슬러 올라간다.

메소포타미아 유적에 흔적을 남긴
살루키는 이집트 문명에 이르러
본격적으로 등장한다.

사냥과 맹수는
때로 적을 의미하기도 했다.

투탕카멘의 유물에는
사냥하는 파라오와 사냥개의 모습이
자주 등장한다.

사냥에는 살루키 외에
다른 동물이 사용되기도 했다.

하지만 이집트 왕의
유일한 사냥개는

살루키였다.

이란 탕게 사바시 협곡에 있는 암벽화
1769~1834

강력한 군사 국가였던 오스만 제국의 술탄,
술레이만 1세의 사냥을 그린 그림에도
이란에서 출토된 페르시아 제국의 암벽화에도
살루키가 등장한다.

살루키는 이집트 파라오뿐 아니라

이슬람 국가의 통치자들이 사랑한
개였다.

살루키가

사막에서 자 유 로 운

이
유
는 뭘까.

사막의 열기를 피해 새벽부터 사람들이 모여들었다.

오늘 이곳에서

중요한 행사가 열린다.

매달 마지막 주 금요일에 개최되는

살루키 달리기 경주.

경주라고 하지만

상금도 트로피도 없다.

경주에 참가하는 살루키의 발에

헤나를 바르기도 하는데,

발을 단단하게 굳혀서

부상을 예방한다.

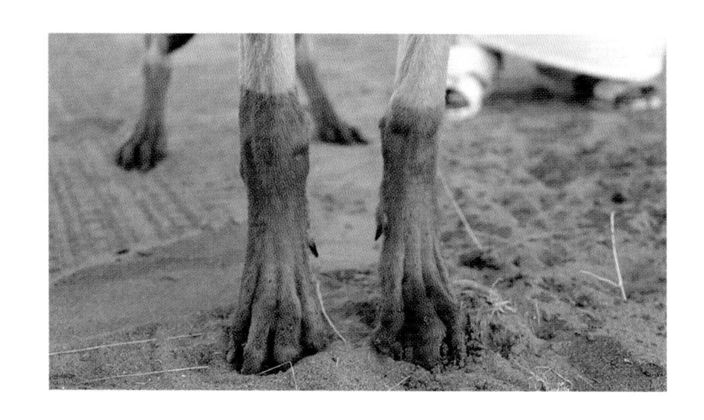

사막에서 빠른 개는

명예와

존
경
의 대상이다.

살루키의 외모는 우아하고 섬세하지만,

빠르게 달릴 수 있는
긴 다리와

마른 몸에 잘 발달된 근육을
가지고 있다.

발가락 사이에 자란 털은

깊은 모래 속에서
빠르게 달리는 데 도움을 주고,
거친 지형에서 발을 보호한다.

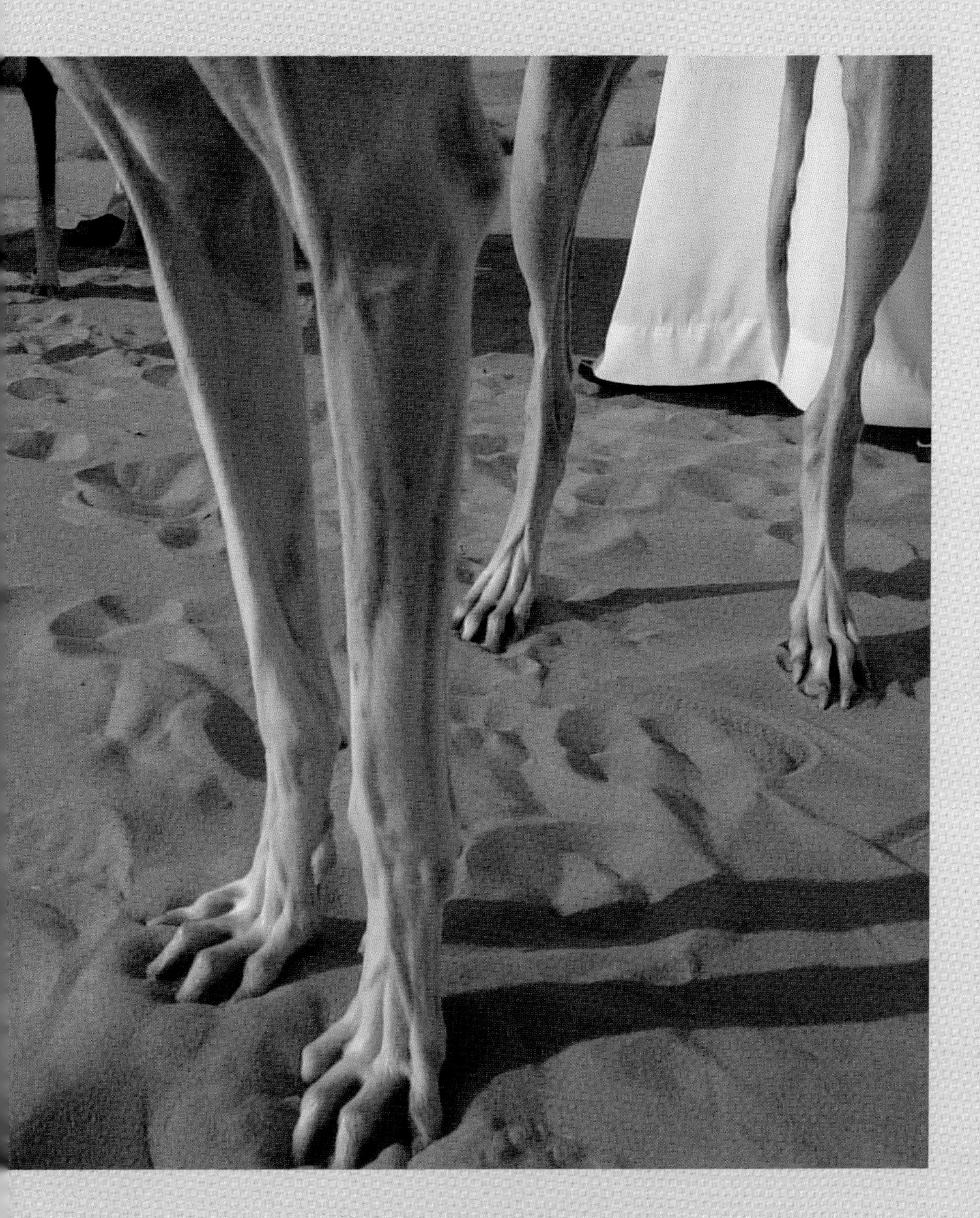

레이스가 펼쳐질 곳은 끝이 보이지 않는 사막.

63km를

전속력으로 달려야 한다.

한 달 동안
이날을 위해서
훈련해 왔다.

모든 개들이
출 발 선 앞 에 섰 다.

바람보다 빠른 개,
라하완이
강력한 우승 후보.

나빌은 지난 대회에서 우승한
라하완에 맞서는
새로운 도전자다.

본격적인
사막의 레이스가 시작됐다.

혼신의 힘을 다해 질주하는 경주견들.
미리 출발한 차들이
금세 따라잡히고 만다.

참가자들은 경적을 울려
살루키의 흥분을
고조시킨다.

압도적인 스피드를 지닌
전 대회 우승자 라하완이 선두로 치고 나선다.
하지만 쉽게 물러설 나빌이 아니다.
뛰어난 지구력으로 조금씩 선두와의 거리를 좁힌다.

장거리 경기에서
승부는 예측불허.

갈색 개 나빌이 스피드를 올리는가 싶더니
드디어 라하완에 앞섰다.
하지만 선두는 곧 뒤바뀌고 만다.

엎 치 락
뒤 치 락

우승을 점칠 수 없는
치열한 승부.

결국 먼저 목표물인 토끼를 문 것은

전 대회 우승자,
라하완.

최선을 다해 경기를 마친 개들에게는
빠르게 응급 처치를 한다.

그대로 두면
사막의 열기로 인해 목숨을
잃을 수도 있다.

아랍에미리트의 수도이자,
경제 중심지 아부다비.

이곳에서는 매해 국제 사냥 전시회가 열린다.
올해로 스무 번째를 맞는 이 행사는
최신 사냥 기술과 트렌드를 소개한다.

행사의 하이라이트는
살루키 미 인 대 회.

수십 마리의 살루키가 참가해 미모를 겨룬다.
다른 개에게서 보기 힘든 귀족적이고
우아한 자태가 사람들을 매료시킨다.

손가락 네 개 크기의 작은 엉덩이.
발에 난 털, 긴 다리와
바람의 저항을 적게 받는 날렵한 몸매가

좋은 살루키의 조건이다.

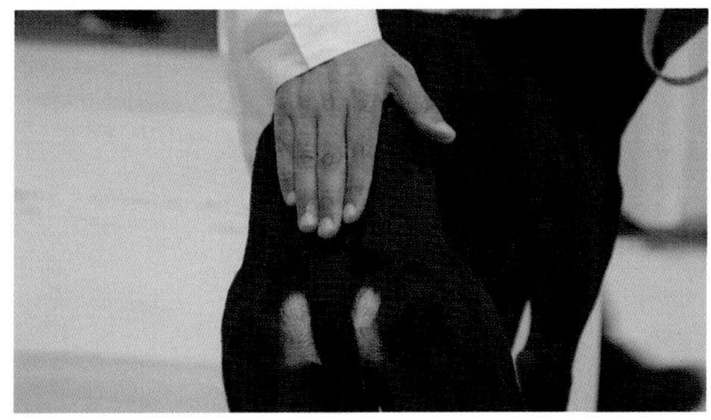

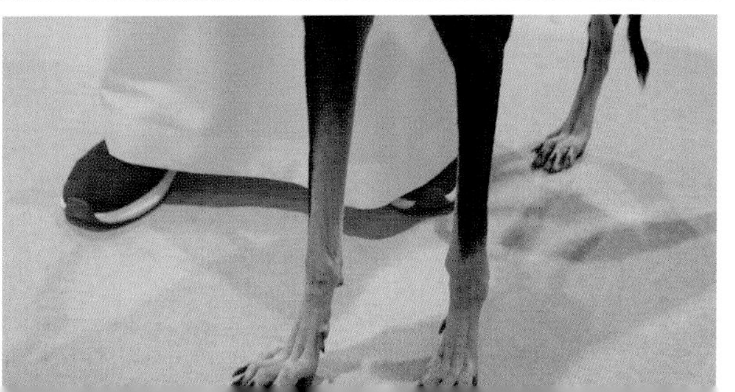

이번 전시회에는 특별한 개들도 참가했다.

외모도 남다른
왕족의 반려동물.

아랍의 왕족들은
살루키를
귀중한 유산이라 여긴다.

많은 아랍의 왕족들이
살루키를 키운다.
사냥은 줄었지만,

살루키의 가치를
보존하는 일은 여전히
중요하다.

단모종과 장모종은
쓰임새가 다르다.

꼬리에 장식 털이 달린 장모종은
성격이 온순하고
외모가 아름다워
광고 모델이 되기도 한다.

반면 털이 짧은 단모종은
바람의 저항을 적게 받아
사냥과 경주에 적합하다.

아랍뿐 아니라 다양한 국적의 사람들이
자신의 개를 데리고 전시회에 참가했다.

그들은 하나같이 살루키의 매력에
흠뻑 빠져 있었다.

살루키의
아름다운 외모는

예술적
영감이
되기도 한다.

사냥 훈련을 받지 않은
살루키는 조용하고
온순하다.
게다가 독립적이다.

도도한 성격으로
놀아 달라고 보채지 않고
혼자서 시간을 보내는 일에
익숙하다.

살루키의 이름에 다양한 의미를 담는 건,
그들을 소중한 친구로 대한다는 뜻이다.

살루키의 매력은 대형견을 키우면서도
누릴 수 있는
여유와 우아함에 있다.

개의 이름을 짓는 게 지금은 흔한 일이 됐지만,
과거에는 달랐다.

개의 이름에 대한 기록은
고대 이집트 유적에서 처음 발견된다.

아직 대중에게 공개되지 않은
이집트 귀족의 무덤 내부에서 발견된 벽화에는
이름을 가진 개들이 등장한다.

목줄에는 주로 빗살무늬나 이름을 새기곤 했는데,
이 개의 목줄에는 긴 이름이 적혀 있다.

그가 제일 좋아한 믿음직한 개.
최초의 이름은 단어보다 의미에 가깝다.

벽화의 개는
주인 아래 앉아 있는 것으로 묘사되는데,
이는 충성심을 나타낸다.

주인은 헌신에 대한 보답으로
이름이 새겨진 가죽 목걸이를 선물했다.

이집트인들은 자신이 사랑하는 충직한 개와
죽음조차 함께하길 원했다.

아랍의 학자들은
이집트 벽화에 그려진 개가
왕의 사냥개였던
살루키라고 말한다.

아직도 발굴이 이루어지고 있는
사카라 지역.
인류 최초의 피라미드가
발견된 곳이다.

이집트 왕의 신하이자 사위였던
메레루카의 무덤.
왕족이 묻히지 않은 무덤 중 가장 크고 정교하다.

벽에는 줄에 묶인 개와
원숭이가 새겨져 있다.

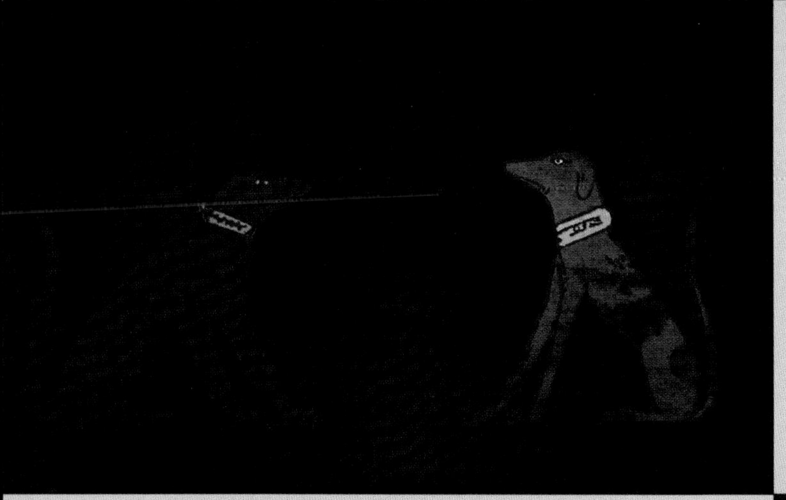

무덤 안 벽에는 사냥개와 주인이 나오는 장면이 많이 새겨져 있다. 또한 개의 이름이 적혀 있는 것을 볼 수 있다. 이를 통해 이 개가 반려동물이라는 것을 알 수 있다. 그들은 고양이를 키우고 있었다고 해도 고양이에게는 이름을 주지 않았다.

"사후 사계에서 부활할 때 살루키와 함께 부활하고 싶어 했어요. 그래서 이름을 지어 줘야 했어요."

어떤 개들은 벽화가 아닌
산 채로 죽은 왕과 함께 묻히기도 했다.

육체의 죽음과 함께 영원한 삶이 시작된다는
영혼 불멸의 내세관.

이는 독특한 장례 문화로 이어졌다.

레루카의 무덤에는
열다섯 마리의 개가
새겨져 있는 것으로 추정된다.

고대 이집트의 유물을 소장하고 있는
카이로 박물관.

매년 수만 명의 관광객이 이곳을 찾는다.
수천 년을 거슬러 올라가는
시간 여행.

영생을 믿었던 고대 이집트인들은
시신을 매장하지 않고 미라로 만들어
지하에 안치했다.

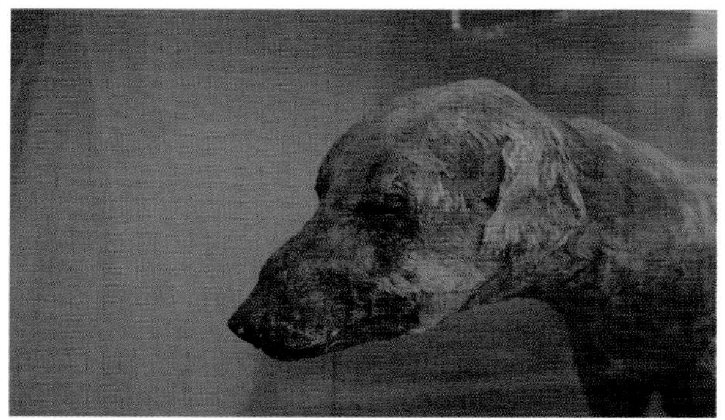

그런데 박물관 한쪽에
인간이 아닌
개의 미라가 전시되어 있다.

기원전 3600년경의 것으로
추정되는 이 미라는
왕가의 계곡에서 출토됐다.

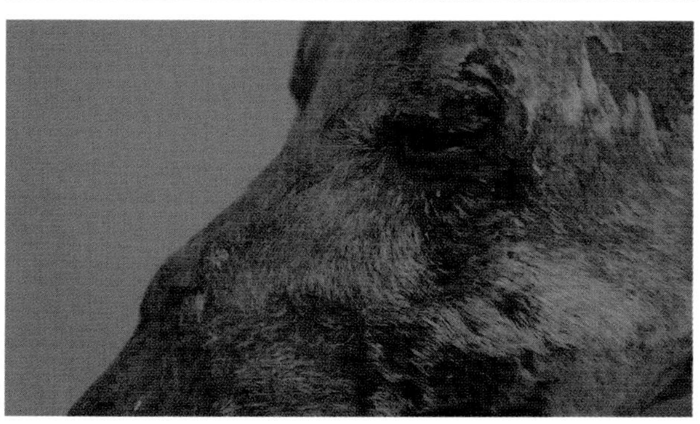

고대부터 지금까지 (이집트에서) 살루키는 가장 중요한 견종이라고 할 수 있어요. 고대 이집트에서 살루키는 사냥이나 여행을 갈 때뿐만 아니라 적을 처벌할 때도 늘 왕의 곁에 있었어요. 또한 군인들과 함께 군사 훈련에도 참여했죠.

검은 개의 형상을 한 죽음의 신,
아누비스.

척박한 자연에 의존해 살아야 했던
고대 이집트인들은 인간에게 없는 능력을 가진
동물들을 신격화했다.

아누비스는
죽음의 신인 동시에
생명을 상징했다.

인간을 사후 세계로
인도하는 신,

아누비스.

그의 머리가
개를 본떠 만들어진
이유는 뭘까.

살루키는 사후 세계로 인도하는 신, 아누비스 신으로 상징됐어요. 이집트의 여러 신 중에 아누비스는 꽤 중요한 자리에 있습니다. 아누비스는 미라를 만드는 것과 연관이 있어요. 그는 갯과의 동물들을 섞어 놓은 신입니다. 개와 늑대, 자칼, 그리고 여우의 형상을 합쳐 놓은 모습을 하고 있어요.

그리고 그는 당신을 인도하는 신입니다. 만약 당신이 어떠한 평행 세계로 여행을 간다면 아누비스가 당신을 보호할 거예요.

"지금도 사막에서 여우나 개, 자칼 같은 동물이 남긴 발자국을 볼 수 있어요. 사막에서 쉽게 살아남는 동물들이죠. 그들은 길을 알고 있어요."

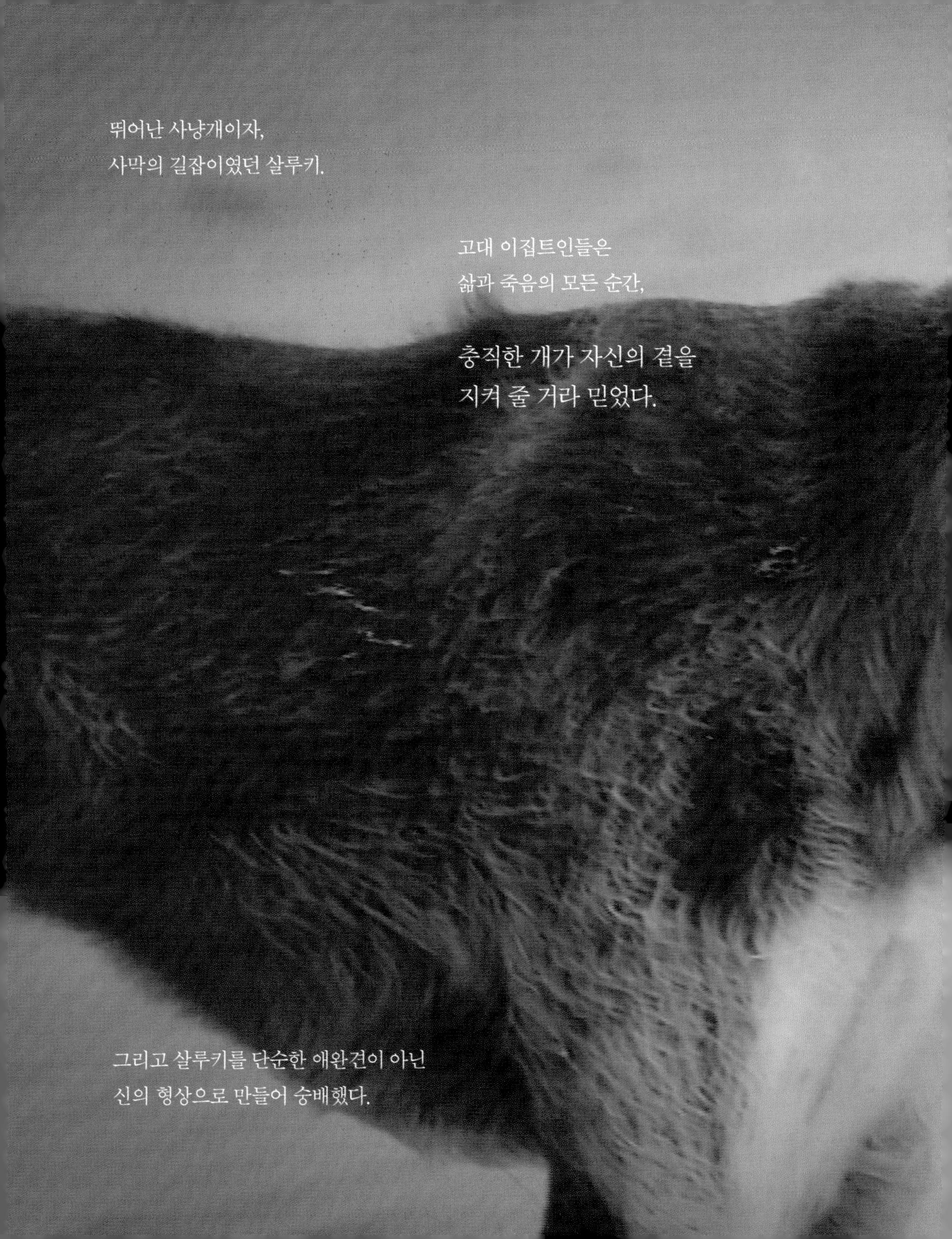

뛰어난 사냥개이자,
사막의 길잡이였던 살루키.

고대 이집트인들은
삶과 죽음의 모든 순간,

충직한 개가 자신의 곁을
지켜 줄 거라 믿었다.

그리고 살루키를 단순한 애완견이 아닌
신의 형상으로 만들어 숭배했다.

길을 잃었을 때
개의 발자국을 따라가면

아무리 깊은 사막도
벗어날 수 있었다.

아랍 민족의
살루키에 대한 사랑은
유럽인에게 깊은 인상을 남겼다.

아랍 국가에서 20여 년 동안
대사를 지낸 테렌스 경도 그중 하나다.

아무리 폐쇄적인 사람도

살루키와 같이 있으면
마음의 문을 열었다.

처음에는 외교 목적이었지만,
살루키를 키우면서

그 매력에 푹 빠져들었다.

영국에 돌아온 후,
자신이 키웠던 살루키들을 위한

추모 공간도 만들었다.

이라크 지역을 여행할 때 차 뒤에 살루키를 태우면 밖에서 보이잖아요.
사람들이 손을 흔들며 저를 멈춰 세웠어요. 그러고 나서 자기 집에 오라고
말했죠. 그렇게 가정집에 초대되어 그들과 모여 앉아 자신의 나라와 문제에
관해 이야기하게 되었어요. 외교관으로서 정말 유용했어요.
제가 처음 데려온 살루키 테라예요. 이라크의 작은 동네에서 키웠죠.
이 친구는 제가 데리고 있던 새끼 살루키 중 하나죠. 조금 더 크고 나서
영국의 한 대회에 참가해 상을 탔어요. 이 친구가 1등이었어요.

"살루키의 특별한 역사는 정말 매력적이에요. 그 역사가
다른 개와는 다른 살루키만의 차별성을 만들어 주었죠.
또 (살루키는) 현지인들의 마음을 여는 열쇠가
되어 주었어요. 제 인생의 새로운 장을 열어 준 셈이죠."

베두인족에게 사냥 훈련은

아랍 민족의
정체성을 지키는 일이다.

나사르는 성년식을 앞둔 조카와
4개월 된 살루키를 데리고 사막으로 나왔다.
평소에는 활발하던 녀석인데
낯선 장소라 그런지 잔뜩 긴장했다.

실제 사냥에 나서기 전까지
아직은 배워야 할 게 많다.

훈련에 앞서
개의 건강 상태부터
확인한다.

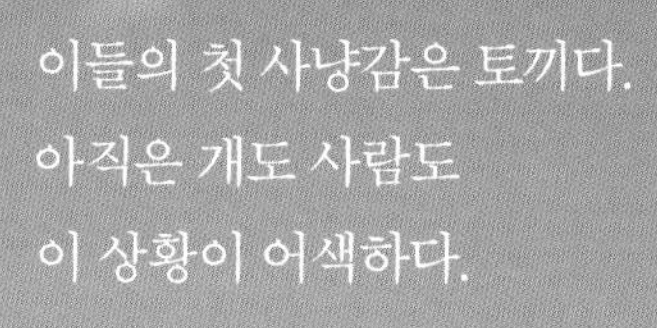

이들의 첫 사냥감은 토끼다.
아직은 개도 사람도
이 상황이 어색하다.

소년은 흥분한 개를
다루는 것이 익숙지 않다.

나사르가 먼저 시범을 보인다.

토끼를 매단 줄을
일정한 높이와 속도로 돌려
개와의 거리를 유지하는 게
포인트.

지구력을 키우기 위한 훈련이다.

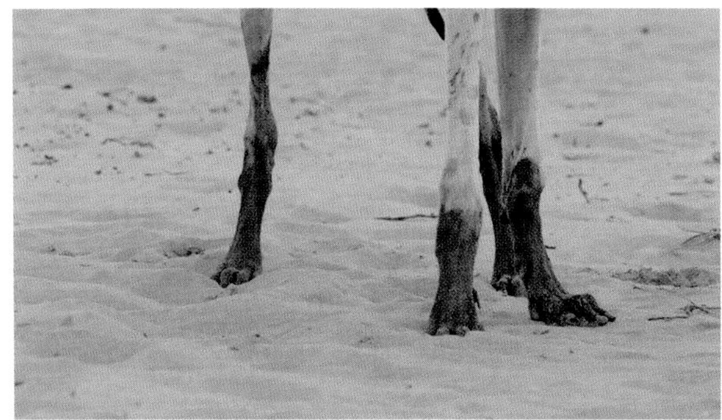

사냥에 나서기 전, 준비해야 할 게 또 있다. 어린 살루키를 위한 의식이다. 정성껏 저어 고운 염료를 만들어 귀와 발, 꼬리 등 다치기 쉬운 곳에 발라 준다. 온도를 낮추고 또 상처가 났을 때 치료해 주는 효과까지, 이게 헤나의 장점.

베두인족 사냥의 처음과 끝에 살루키가 있다.
그래서 작은 준비 하나도 정성을 다한다.

시간이 흘러 두껍게 바른 염료가 단단하게 굳으면 물로 닦아 낸다. 헤나를 바른 자리가 붉게 물들었다.

이제 사막을 달릴 준비는 끝났다.

부모에게 물려받은
강한 본능이 깨어날 시간.

모든 살루키들이 그랬듯,

모클레스도
사막을 누비며

훌륭한 사냥개로
성장할 것이다.

고대부터
현대까지
위대한 역사가 있는
살루키.

살루키는 이집트 왕의 총애를 받은
신성한 사냥꾼이었으며,
베두인족 삶의 근원이었다.

사막의 안내자였으며,
사후 세계의 신으로 추앙받았다.

살루키는 아랍 민족의
빛나는 유산이다.

GERMAN

2부

네 발의 영웅

저먼 셰퍼드

SHEPHERD

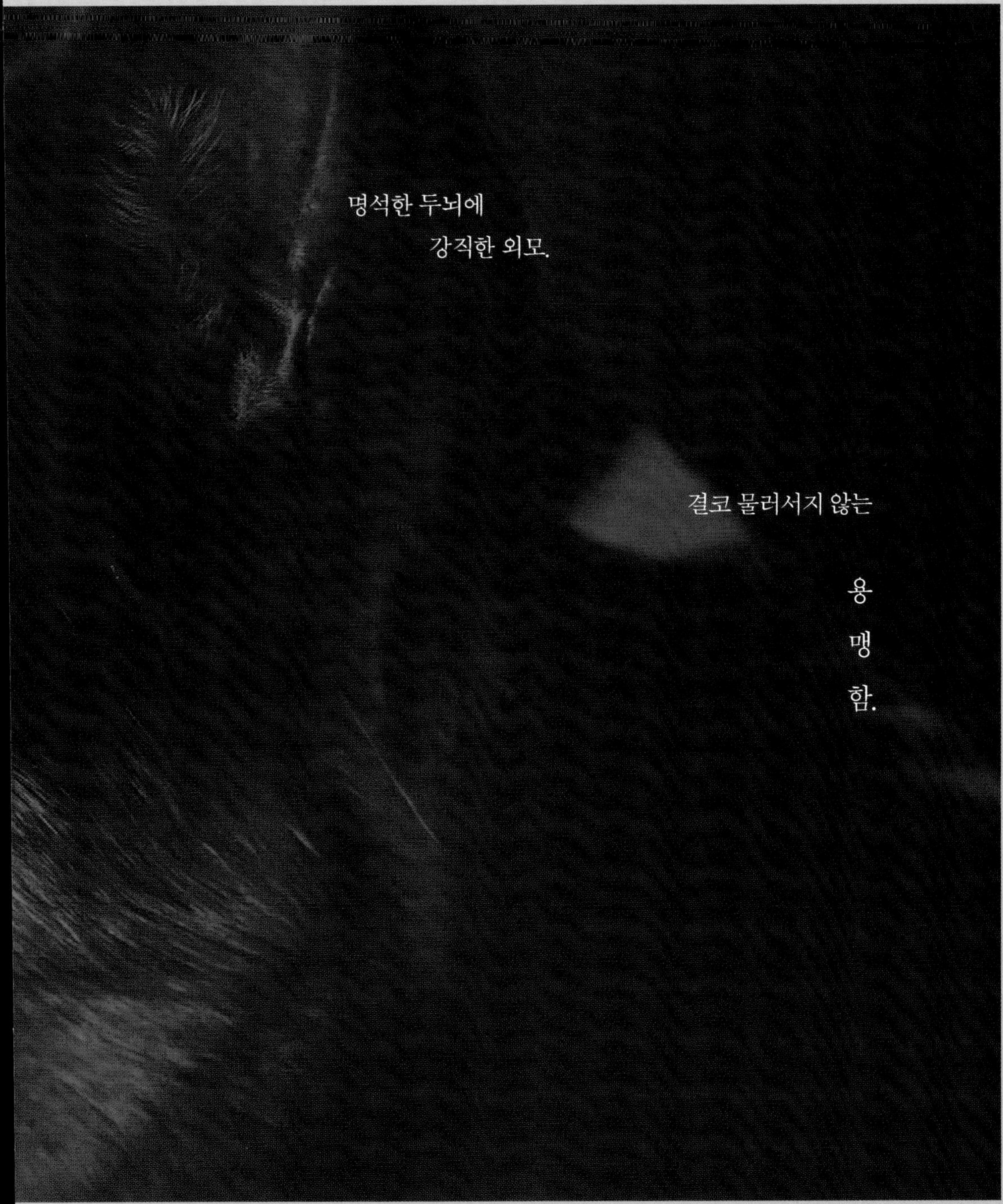

명석한 두뇌에
강직한 외모.

결코 물러서지 않는

용
맹
함.

Köber's

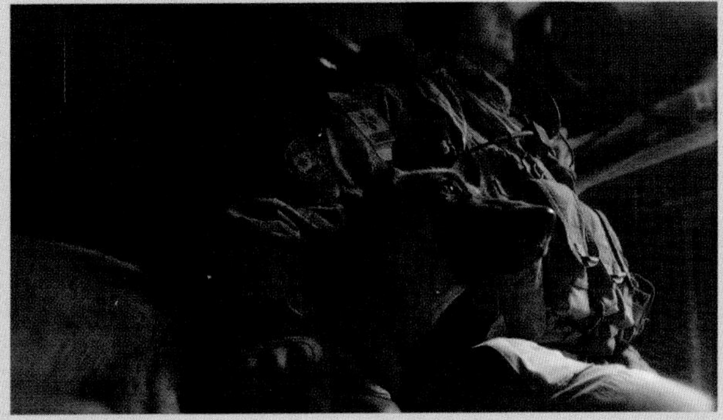

뛰어난 지능과 힘,
민첩한 움직임으로

'지상 최고의
견종'

이라 불리는 개.

누군가의 자랑이자 기쁨이었으며,

누군가의 가슴 속에 영웅이 된 개.

세계에서 가장 사랑받는 견종 중 하나이자
인간의 신뢰를 받는 친구,

'저먼 셰퍼드'다.

"저먼 셰퍼드는 상징적인 종입니다.

말하자면 올라운더죠.

제 삶을 바꿔 놨어요.

나를 위해서 목숨을 바칠 겁니다."

전라남도 화순.
사고는 늘 예상치 못한 순간에 일어난다.

"올해는 그 예천, 예천 수해 현장에 산사태로 붕괴된 지역에 대한 그 수색을 했고요. 한결이랑 호흡을 맞춘 지 한 달이 채 되지 않아서 그 광주광역시에 신축 아파트 붕괴 현장에 수색을 나갔던 게 가장 기억에 남습니다."

15년 차 소방관인 이승호 소방장과
인명 구조견인 한결은
지난 2년 동안 각종 재해 현장에서 함께해 왔다.

수색 현장에는 늘 위험이 도사리고 있었지만,
한 사람이라도 더 구조하겠다는 일념으로 뛰어들었고,
결국 실종자를 찾아냈다.

한결은 세 살 때 구조견이 됐다.
처음에는 훈련이 낯설어 어리광을 부리기도 했지만,
2년이 지난 지금, 믿음직한 파트너가 됐다.

오랫동안 버려진 건물은
겨울철 필수 수색 구역.

실종자가 추위를 피해 들어왔다가
사망하는 사고가 간혹 발생한다.

사각지대를 수색하는 것도
구조견의 임무.

"구조 출동을 해서 수색 현장에 나가면 항상 낯설고 새로운 장소입니다. 그 장소에서도 이제 한결이와 같이 호흡을 맞춰 나가는 교감이 있거든요."

오래된 건물은 시설물이 낡고 부식돼
사고가 일어날 위험이 있다.
그래서 사람보다 구조견을 먼저 투입해
현장을 수색한다.

여기저기 무작정 돌아다니는 것 같지만
한결은 냄새의 가닥을 찾아가고 있다.

마을에서 실종된 지적 장애인이
폐건물로 들어가는 걸 봤다는 신고가 접수됐다.
수색에 앞장선 것은
사람이 아닌
개.

사람에 비해
일만 배 이상 높은 후각 능력을
가졌다는 저먼 셰퍼드.

한결의 코에 무언가가 걸렸다.

건물 수색 15분 만에 구조자를 찾아낸 한결.
명령이 있기 전까지 짖어서 알리도록 훈련받았다.

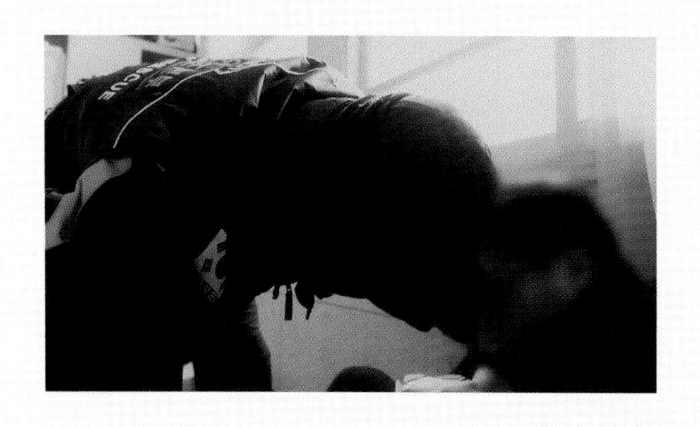

이렇게 또 한 명의 목숨을 구했다.

"한결이 같은 경우는 일단 후각 사용 범위가 넓고요. 그리고 자기 체력 인배를 하는 그런 습득력들이 날이 갈수록 조금 더해지는 것 같습니다. 개도 이제 단시간에 무리한 체력을 소진해 버리면 경련이 일어나기도 하고요. 응급조치가 이루어지기도 합니다. 저하고 호흡을 맞췄던 다른 구조견들도 있지만 넓은 범위를 수색해 나가는 그 움직임이나 활동성 자체가 기억에 남습니다."

911테러 당시
참사 현장에 가장 먼저 도착한 수색견,
아폴로는 저먼 셰퍼드였다.

마지막 생존자를 찾아낸
수색견 역시 저먼 셰퍼드인
트래커.

REGIONAL
POLICE
POLICE

저먼 셰퍼드는

전 세계 재해와 사고의 현장에서
인간과 함께했다.

수색 도중 다치거나 심지어 죽기도 했지만,
물러서거나 주저하지 않았다.

쓰촨성 대지진

티키 | 대지진

저먼 셰퍼드의 활약은
인명 수색과 구조에
머물지 않는다.
POLIZEI

독일 바이에른에 경찰견 훈련 학교.
바이에른에서 활동하는 경찰견의 약 30%가
저먼 셰퍼드다.

올해 여섯 살이 된 경찰견 타이.

호기심도 많고 힘이 넘친다.
쉼 없이 들이대는 맹랑한 성격.

이런 타이가 바이에른 최고의 탐지견이란다.

수색견이지만 방호 훈련은 가장 중요한 기본.
방호 훈련을 앞두고
타이는 이미 눈빛이 달라졌다.

방금 전 장난치는 모습과는
사뭇 다른 분위기.

신호가 떨어지자마자 쏜살같이 달려든다.
머리와 목을 밀어 떼 놓으려 하지만,
필사적으로 물고 놓지 않는다.

지시가 있기 전까지 체포 자세를 유지한다.
명령이 떨어지면, 지체 없이 복종한다.

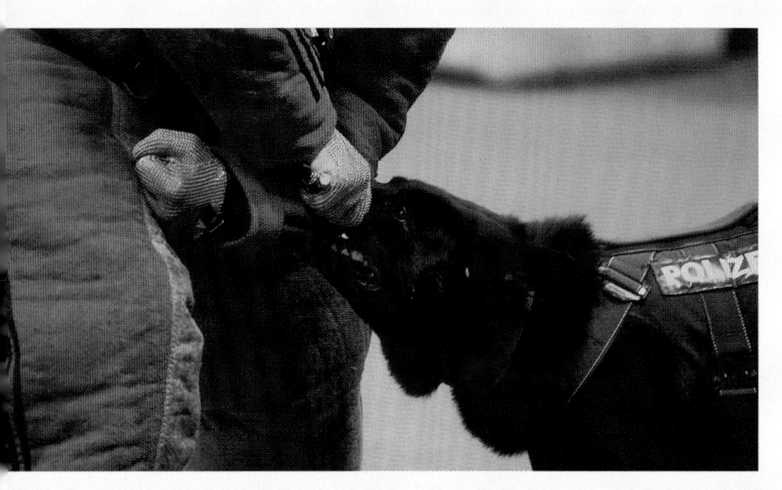

"개는 문 곳을 계속 물고 있어야 합니다.
다른 신체 부위를 다시 물면 안 됩니다. 여러 신체 부위를 무는 것은
법으로 금지되어 있어요. 문 곳을 계속 물고 있어야 합니다."

훈련은 실전을 방불케 한다.
범인을 검거할 때 생길 수 있는
모든 방해 요인을 가정해 훈련한다.

범행 현장에서
강한 저항이나 공격을
받기도 하지만,

명령 없이는 물러서지 않는다.

아무리 치명적인 공격을 받는다 해도.

지능이 높기에
가능한 훈련이다.

사체 탐색 특수 훈련도 마친 훈련받은 경찰견입니다.
수상 훈련도 추가로 받았습니다.
저먼 셰퍼드는 충성스럽고 강인하며, 어느 순간에도 긴장하지 않습니다.
또 이러한 특성은 어느 상황에서도 유지됩니다.
한 분야에만 특화된 견종이 아닙니다. 모든 분야에서 우수한 개가
필요하다면 딱 맞는 개는 저먼 셰퍼드일 것입니다. 그렇기 때문에
우리 바이에른에는 많은 저먼 셰퍼드가 경찰견으로 현장에 배치되어
있습니다.

현재 백여 마리의
저먼 셰퍼드가
바이에른에서 경찰견으로
활동하고 있다.

많은 경찰과 소방관들이
파트너가 되길 원하는
꿈의 견종.

저먼 셰퍼드를 빼놓고

사역견의 역사를 얘기할 수 없다.

저먼 셰퍼드는 언제, 어떻게 탄생했을까.

우리가 찾아간 곳은
독일 아우크스부르크에 위치한
'저먼셰퍼드협회'.

전 세계 저먼 셰퍼드의 품종 표준을
관리하고 있다.

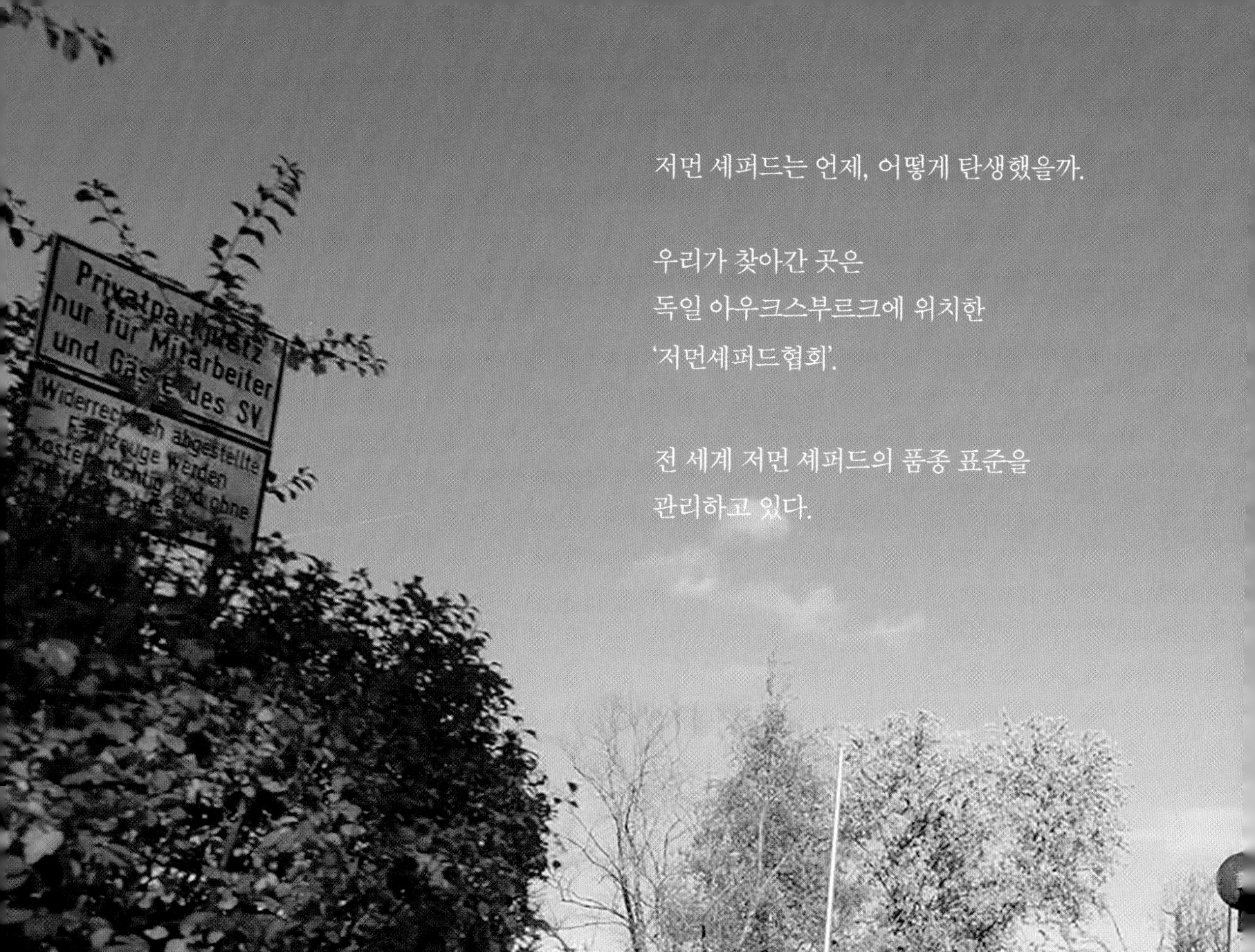

'저먼셰퍼드협회' 자료 보관실

'저먼셰퍼드협회'는 1899년 4월에 슈테파니츠 대위가 설립하였습니다.
그는 오늘날까지도 협회에 중요한 의미가 있습니다. 셰퍼드라는 견종은
예전부터 사역견으로 길러지고 있었고, 슈테파니츠는 사역견들이
일정한 기준을 갖춰야 한다고 생각했습니다.

고대부터 인간을 위해 일해 온 개.
유럽에서는 양과 염소를 키우기 위해
목양견이 반드시 필요했고,
셰퍼드라는 이름도 여기서 비롯됐다.

시대의 변화에 따라 개의 사용 범위는 확대됐고,
슈테파니츠는 사역견의 표준이 필수라고 생각했다.

협회가 설립된 1899년 이후 지금까지
표준화한 저먼 셰퍼드에 대한 기록을
세대별로 보관해 왔다.

품종의 기원, 조상에 대한 확인 없이는
어떤 개도 순종 저먼 셰퍼드로 분류될 수 없다.

혈통 기록부에 적힌

최

초

의

저먼 셰퍼드.

저먼 셰퍼드의 시조,

그 이름은

호란드 폰 그라프라트였다.

호란드와 슈테파니츠

도그쇼에서 호란드를 처음 발견한 슈테파니츠는
깊은 감명을 받았다.
다른 개에게서는 보지 못한 열정과 기품이 있었다.
그는 동료들과 협회를 조직하고 호란드를 최초의
저먼 셰퍼드로 선언한다.

외모와 성격, 기질이 검증된 셰퍼드와의 교배를
통해 우수한 혈통을 이어 나갔다.
오늘날 거의 모든 저먼 셰퍼드에 호란드의 피가
흐른다고 해도 과언이 아니다.

막스 폰 슈테파니츠의 개 이름은 <호란드 폰 그라프라트>였습니다. 그 개가 '저먼셰퍼드협회'의 혈통 기록부에 등록된 첫 번째 저먼 셰퍼드입니다. 흥미로운 일화인데, 당시 슈테파니츠는 매우 높은 가격인 200 독일 마르크(옛 독일 화폐)를 주고 이 개를 얻었습니다. 당시 개 한 마리에 대한 금액으로는 상당한 돈이었습니다.

저먼 셰퍼드의 표준이 정립되고,
다재다능한 능력이 인정받으면서

독일을 넘어 전 세계로 퍼져 나간다.

독일의 국견이자,
독일인의 자부심이 된 개.

올해 네 살이 된 저먼 셰퍼드
윤기 나는 검은 털이 매력적인
디터

독일에서 개를 키우는 조건은 꽤나 까다롭다.

정성껏 꾸민 견사는
아무리 둘러봐도 부족할 게 없는데,
아무래도 디터는 아까부터 마음이
딴 데 가 있는 것 같다.

품종 혈통 증명서

순종 저먼 셰퍼드라는 사실을 확인할 수 있는 증명서.

3대에 걸친 혈통 확인. DNA 검사를 통한 유전적 이상 유무. 기형 검사까지 통과해야 증명서를 발급받는다.
증명서가 있어야 공식적인 번식이 가능하다.

"저희 아버지 게오르그 블랑케입니다.
저에게 저먼 셰퍼드에 대한 모든 것을 알려 주셨죠.
지금도 일주일에 세 번씩 훈련을 함께해요."

니나는 어린 시절부터 저먼 셰퍼드와 함께 자랐다.
외할아버지와 친할아버지, 아버지까지 모두 저먼 셰퍼드를 길렀다.
그녀에게 저먼 셰퍼드는 잊지 못할 추억이다.

니나의 아버지 게오그르는
유명한 저먼 셰퍼드 훈련사였으며,
좋은 혈통을 찾아내 번식하는
브리더로 활동하기도 했다.

3. Platz
2021
LG-FH Westfalen
OG Ahlen

Schäferhund holt Preis
Der Westfalenmeister trägt den Namen Sternbusch
aus Borken
Hund & Sport

verständig aufnehmen' – eine rhetorische Finte oder Überheblichkeit? Das heißt doch, dass die Menschen landauf landab – und auch innerhalb der CDU – nicht verständig genug sind. Es hapert also am Verstand? Bleibt zu hoffen, dass die beruhigenden Sätze der Borkener CDU in ein paar Jahren nicht auch umgedeutet werden. Mit Verstand betrachtet heißt es ja lediglich, dass die Zusammenarbeit mit der AfD heute ‚undenkbar' ist
Schäferhund Dieter-Ludewig vom Argatos über einen zweiten Platz beim deut-
tung. Unterm Strich erzielte er 551 von 600 möglichen Punkten. Damit haben Hund und Hundeführerin den ersten Platz nur um fünf Punkte verfehlt.
Nina Blanke freut sich sehr über die Vize-Weltmeisterschaft und gönnt sich und Dieter nun eine kleine Pause, bevor das Training für die nächste Saison startet. Ihren Dank richten Blanke und der Schäferhundeverein an die Landwirte und Jagdpächter

앞에 디터 엄마와 아빠의 혈통이 있고요. 엄마, 아빠 혈통 쪽 할머니, 할아버지, 증조할머니도 다 나와 있습니다. '저먼셰퍼드협회'를 통해 건강 상태도 확인됐어요. 이쪽에 엉덩이와 팔꿈치 관절 질환 확인 도장, DNA 확인 도장이 있습니다.

저먼 셰퍼드가 없다고 생각하면 제 시간을 어떻게 보내야 할지 생각할 수조차 없네요. 왜냐하면 말했듯이 저는 저먼 셰퍼드와 함께 커 왔기 때문에 (셰퍼드가) 제 인생의 한 부분을 차지하고 있거든요.

우리는 혈통서 등 여러 방법을 통해 저먼 셰퍼드의 장점을 유지할 수 있었다고 생각합니다. 선택적 번식을 통해 약점을 제거하는 것이 가능했고, 그걸 통해 우리가 지금까지 견종을 유지하고 또 개선할 수 있었다고 생각합니다. 왜냐하면 모든 환경이 변하면서 개들도 함께 변화해야 했는데, 저먼 셰퍼드가 시대적 변화에 잘 대응했기 때문에 여전히 대중적으로 가장 인기 있고 건강한 종 중 하나가 되었다고 생각합니다.

저먼 셰퍼드는 상징적인 종입니다. 그들은 자연적으로 발생한 종이 아니라 처음으로 인간에 의해 발명된 견종입니다. 가장 중요한 점은 우리가 개를 만들었고, 우리가 그들을 골랐다는 거죠. 많은 시간이 지나는 동안 개가 어떤 모습이어야 하는지에 대한 의견은 계속 변해 왔습니다.

니나와 디터는

얼마 남지 않은

도그 스포츠 대회를

준비하고 있다.

개의 신체적 능력을 최대한 끌어내
인간과 함께 호흡하는 것은
유럽에서 하나의 스포츠로 자리 잡았다.

용기, 보호 본능 같은 기질뿐 아니라
힘, 민첩성, 지능 등을 바탕으로
인간과 맞춰 가며

최고의 파트너십을 보여 줘야 한다.

훈련성 좋은 저먼 셰퍼드가 가장 잘하는 분야다.

훈련할 때의 날카로운 눈빛과 다르게
애교쟁이로 변한 디터.
평소에는 놀기 좋아하는 사랑스러운 반려견이다.

독일의 수도이자, 냉전 종식의 상징인 베를린.
나치 독일의 탄생지이기도 한 이곳에
누구보다 저먼 셰퍼드를 사랑한 독일인의 흔적이 남아 있다.

히틀러가 생을 마감한 장소로 알려진 지하 벙커를
똑같이 재현한 전시관.

나치 독일의 패색이 짙어지던 1945년,
히틀러는 고위 지휘관들과 함께
베를린의 지하 깊은 곳으로 숨어들었다.

당시 사용했던 실제 장비와 도구들.
전쟁의 참혹함을 생생하게 보여 주는 사진들이
우리를 과거로 소환한다.

어둡고 좁은 집무실에서 함께
생활한 개.
히틀러가 사랑한
반려견이었으며, 그의 초라한
말로와 함께한 개, 블론디다.

미친 전쟁광이라 불린 그는
뜻밖에도 대단한 애견가였다.

벙커 가장 안쪽에 위치한 히틀러의 집무실.
과거와 똑같은 모습으로 재현한 이곳에 눈에
띄는 개 모형이 놓여 있다.

연합군이 벙커에 도착했을 때,
히틀러의 시신과 블론디의 사체가
함께 발견됐다.

광
기
의

시
대.

ving & new

히틀러는 반려견인 저먼 셰퍼드를 교묘하게 이용했다.
전쟁광 이미지에서 벗어나기 위해
블론디의 영상을 만들어 언론에 공개했다.

저먼 셰퍼드가 전쟁에 이용된 역사는
제1차 세계 대전으로 거슬러 올라간다.

특유의 민첩함과 지능이 눈에 띄어
독일의 군견으로 참전하게 된 것.

Photograph
r 1

저먼 셰퍼드는 인간 대신 화생방 가스를 탐지하거나
위험한 폭발물을 운반하는 역할을 맡았다.

저먼 셰퍼드에겐 폭탄 운반만큼이나
중요한 임무가 또 있었다.

바로 정서적 위로였다.

"저먼 셰퍼드는 임무 완수 및 훈련 능력 외에도
정서적인 안정을 위한 견종으로 환영받고 있습니다."

아돌프 히틀러의 사생활에 대해 얘기할 때 블론디는 자주 언급되는 주제 중 하나입니다. 하지만 많은 사람들이 모르는 사실 중 하나는 블론디는 한 마리가 아니라 여러 마리였다는 겁니다. 아돌프 히틀러는 사는 동안 12마리 정도의 개를 키웠습니다. 대부분이 저먼 셰퍼드였죠. (히틀러는) 암컷에게 항상 '블론디'라는 이름을 붙였어요. 그중에서도 가장 유명한 블론디는 세 번째 블론디예요. 이 블론디는 베를린 벙커에서 최후까지 히틀러와 지냈는데, 소련군에게 점령당했을 때 히틀러는 그의 동료들과 자살했습니다. 하지만 이전에 그의 개들이 먼저 죽어야 했습니다.

자신의 주치의에게 개를 총으로 죽이라고 명령했고, 더욱 확실히 하기 위해 독약까지 먹였습니다. 즉, 블론디는 죽어야만 했던 거죠. 아돌프 히틀러는 죽을 때 자신이 중요하게 여긴 다른 모든 것들도 함께 떠나기를 원했던 거예요.

저먼 셰퍼드는 나치 선전의 역할을 했습니다. 아돌프 히틀러가 가장 좋아하던 견종이었기 때문이죠. 히틀러는 특히 극장 선전용 영화에 저먼 셰퍼드와 함께 자주 등장했습니다. 그걸 통해 자신의 공감 능력을 보여 주고 싶었을 겁니다. 사람들은 히틀러의 그런 면모를 보고 동물 애호가라고 생각했어요. 다른 한편으로는 개가 충실히 따르고 복종하는 강한 지도자의 모습으로 보였죠. 그것은 정치적 선동의 (본질적인) 이유였고요.

저먼 셰퍼드가 19세기 말에 처음 만들어졌을 때 이 품종을 만들었던 막스 폰 슈테파니츠(Max von Stephanitz)는 저먼 셰퍼드 번식을 위한 규칙을 만들었습니다. 다른 종의 개입을 어느 정도까지 허용하는지에 대한 번식 규칙을 명확하게 정했고, 그걸 기준으로 이후에 나치의 인종법을 만들었습니다. 즉, 저먼 셰퍼드의 혈통 구별법이 나치가 주장한 인종 차별의 사상과 실행의 기초가 되었다고 할 수 있습니다.

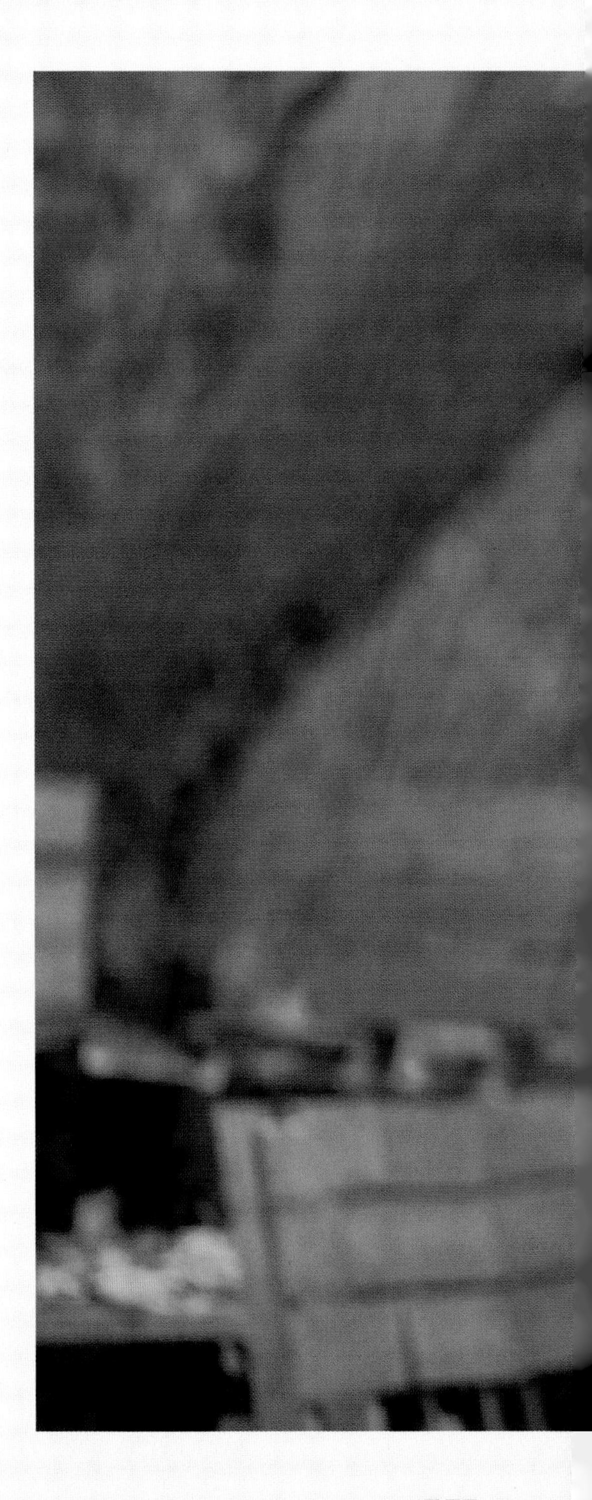

태어난 지 7개월 된 비트는
시각 안내견 훈련을 받고 있는 훈련생이다.

요즘 보기 드문 장모종인 올드 저먼 셰퍼드.

호기심이 많고 애착이 강한 녀석이다.

아직 어리지만,
비교적 훈련에 빠르게 적응했다.

높은 지능과 충직함, 주인에 대한 애착은
시각 안내견의 중요한 조건이다.

이건 우리가 훈련을 시작할 거고 이제 집중해야 한다는 걸 알려 주는 신호입니다. 그리고 시각 안내 훈련견이라고 표시된 스카프를 둘렀습니다.

"버디에게 손을 내밀었을 때
저는 다시 자유롭게 다닐 수 있게 될 수 있을 것이라는 걸 느꼈습니다
가고 싶은 곳을 갈 수 있도록 하는 자유를 제게 되찾아 줄 거라고 생각했죠.
버디는 미국 시각 안내견의 선구자입니다."

저먼 셰퍼드는 참전자 및 군인들과 긴밀하게 협력하면서 강한 유대감을 형성했고, 병사들에게 용기와 위로를 주었습니다. 이런 부분에서 저먼 셰퍼드가 (다른 개들보다) 가장 앞서 있었던 것은 확실합니다.

제1차 세계 대전 중인 1916년 올든부르크에 '의료견(Sanitätshunde)'이라는 협회가 설립되었습니다. 협회는 시각 장애인이 된 참전 군인들의 일상 회복을 위해 최초로 저먼 셰퍼드를 시각 안내견으로 훈련시켰습니다. 나중에는 미국까지 확산되었고, 미국 최초의 시각 안내견은 '버디'라는 이름의 저먼 셰퍼드였죠.

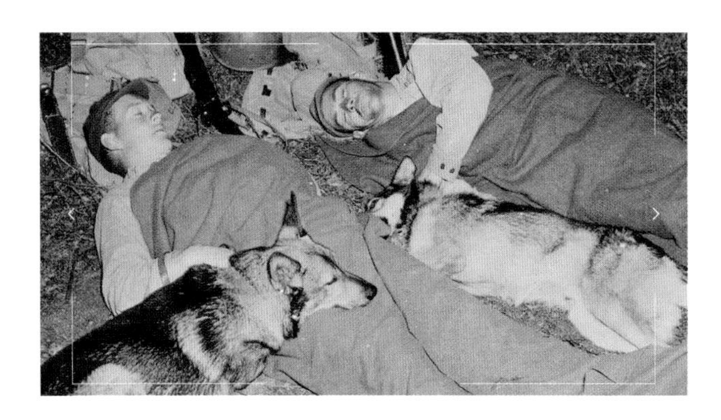

저먼 셰퍼드는

총탄이 빗발치는 전장의

유일한 위로였고,
친구였다.

부상당해 눈먼 군인의 안내자 역할을 하기도 했다. 저먼 셰퍼드의 활약은 깊은 인상을 남겼고, 제2차 세계 대전에 연합군으로 참전한다. 어제의 적이 오늘의 동지가 된 것이다. 참혹한 전쟁이 낳은 아이러니한 역사. 감춰진 비극은 또 있다.

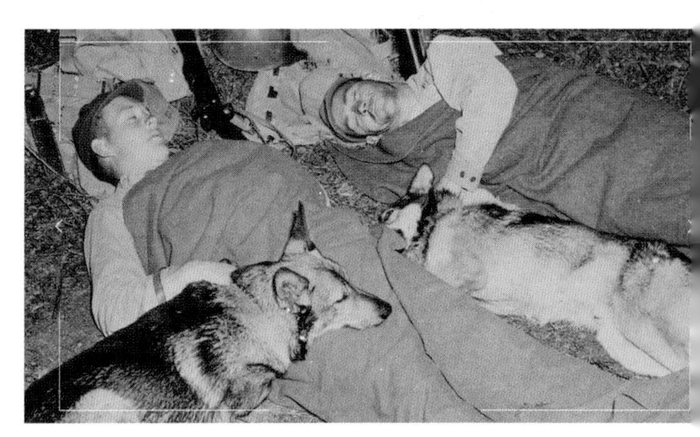

저먼 셰퍼드의 번식 기준에 따른
유태인 인종 차별법은
선한 의지가 어떻게 악용되는지 보여 준다.

인간에게 이로운 개를 만들기 위한 노력이
학살의 도구가 될지 누가 알 수 있었을까.

연합군은 저먼 셰퍼드에게서 나치의 흔적을
지우기 위해 '알세이션'이란 이름으로 부르기도 했다.

인간과 개,
모두에게 비극의 시대였다.

저먼 셰퍼드는
나치가 벌인 무자비한 학살과
비뚤어진 선동의
희생양이 돼야 했다.

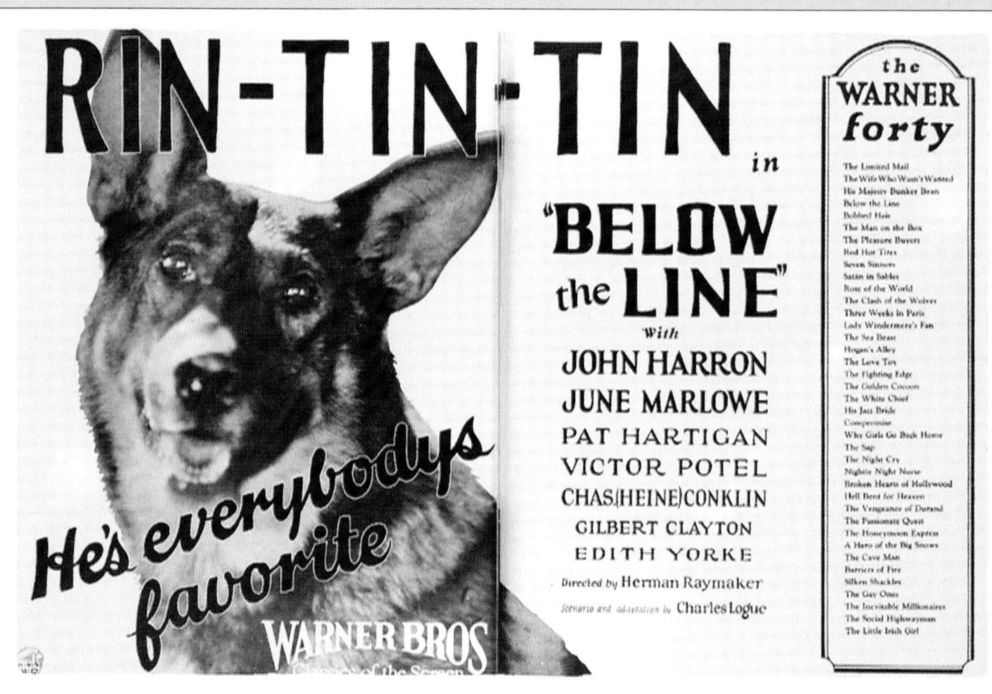

RIN-TIN-TIN
in
"BELOW the LINE"
With
JOHN HARRON
JUNE MARLOWE
PAT HARTIGAN
VICTOR POTEL
CHAS.(HEINE)CONKLIN
GILBERT CLAYTON
EDITH YORKE
Directed by Herman Raymaker
Scenario and adaptation by Charles Logue
He's everybodys favorite
WARNER BROS
the WARNER forty
The Limited Mail
The Wife Who Wasn't Wanted
His Majesty Bunker Bean
Below the Line
Bobbed Hair
The Man on the Box
The Pleasure Buyers
Red Hot Tires
Seven Sinners
Satan in Sables
Rose of the World
The Clash of the Wolves
Three Weeks in Paris
Lady Windermere's Fan
The Sea Beast
Hogan's Alley
The Love Toy
The Fighting Edge
The Golden Cocoon
The White Chief
His Jazz Bride
Compromise
Why Girls Go Back Home
The Sap
The Night Cry
Nightie Night Nurse
Broken Hearts of Hollywood
Hell Bent for Heaven
The Vengeance of Durand
The Passionate Quest
The Honeymoon Express
A Hero of the Big Snows
The Cave Man
Barriers of Fire
Silken Shackles
The Gay Ones
The Inevitable Millionaires
The Social Highwayman
The Little Irish Girl

하지만 전쟁이 끝난 후,
미국과 유럽에서 저먼 셰퍼드의 인기는 대단했다.

할리우드 영화의 주인공이 되기도 했다.
군견이었던 린틴틴은 스물일곱 편의 영화에
출연하며 세계적인 스타가 된다.

미국의 대통령들 역시
퍼스트 독으로 저먼 셰퍼드를 선택했다.

전국에서 우수한 저먼 셰퍼드들이 참가했다.
이상적인 품종의 특성이
가장 잘 나타난 개를 선발하는 경기.

저먼 셰퍼드의 번식 기준은
전 세계에 통용된다.

한국에서도
매년 지거 쇼 랭킹전이 열린다.
지거는 '챔피언'이라는 뜻.

부족한 정보를 나누고
친목을 도모하는 시간도 갖는다.

아직 어린 녀석들도 눈에 띈다.
어리둥절한 표정이지만,
이래 봬도 혈통 좋은 저먼 셰퍼드다.

경기 전 개의 몸속 칩을 이용해
협회에 등록된 개인지 확인한다.

혈통이 좋아도 건강 상태와
훈련 여부 또한 중요하다.

위엄 있는 듬직한 체구,
순발력의 필수 조건인 튼튼한 다리.

날카로움과
귀여움이
공존하는 얼굴.

쫑긋한 귀에서부터 꼬리까지
부드럽게 이어지는 등선이 매력 포인트.

걸을 때
여유와
품격이 있으며,

너무 크지도 작지도 않은 개가

좋은 품종의
저먼 셰퍼드다.

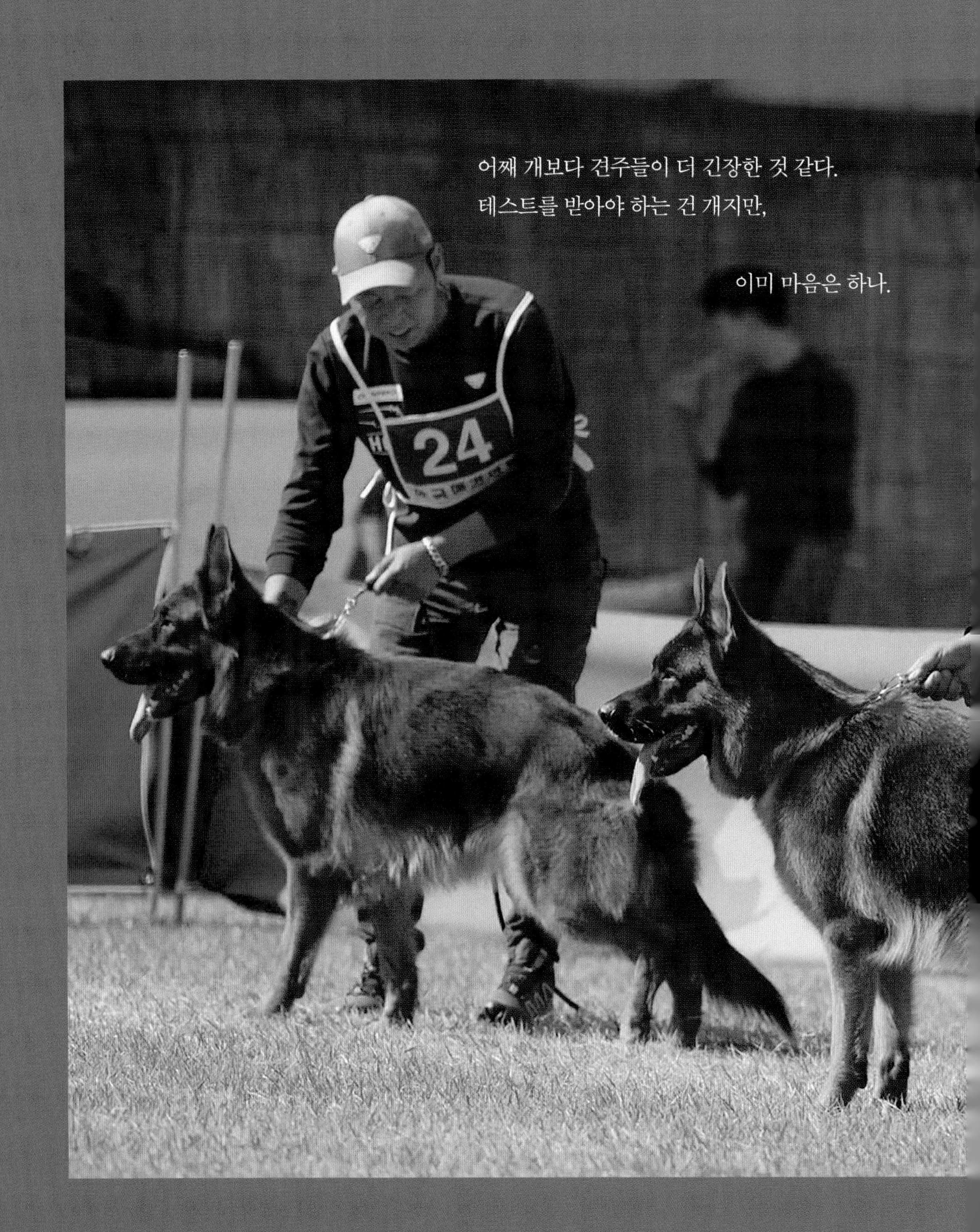
어째 개보다 견주들이 더 긴장한 것 같다.
테스트를 받아야 하는 건 개지만,
이미 마음은 하나.
24

응원도 하고 스트레스도 풀고.

지거 쇼는 테스트인 동시에 견주들의 축제다.

심사위원의 평가는
냉철하다.

타고난 기질과 신체 구조,
명령을 알아듣고 자신을 통제할 줄 아는
지능을 평가한다.

독일이 아닌 한국에서
엘리트 등급이 나온 건 흔치 않은 일.
지켜보는 다른 견주들과 심사위원도 놀랐다.

심사위원들이 따라야 하는 견종 표준(Rassenstandard)이 있습니다. 그 기준에 따라 오늘 심사를 진행했습니다. <VA(Vorzüglich Auslese, 최고 엘리트 등급)>는 지거 쇼에서만 수여되며, 특별히 뛰어난 품질을 가지거나 견종 표준에 가까운 개들에게 수여되는 특별한 등급입니다.

영광의 주인공은
수컷 4살 저먼 셰퍼드,
셀바

주인의 기쁨도 셀바 못지않다.

저먼 셰퍼드가 테스트에서 좋은 평가를
받는 건 의미가 크다. 엄격한 기준을
통과한 개만이 저먼 셰퍼드 표준 종으로
인정받을 수 있기 때문.

예상치 못한 성과에 기쁨이
두 배가 됐다.

오늘 랭킹전에서

최고 등급이 나왔다.

시간이 흐르면서

인간을 위해 일하는

견종은 다양해졌다.

애견 훈련소에 사역견의 대표라 할 수 있는
견종 네 마리가 모였다.

수레를 끌고,
오리를 사냥하는 데 사용됐던
스탠더드 푸들은
모든 견종 중
두 번째로 지능이 높다.

온순하고
사람의 감정까지
파악할 줄 아는 리트리버는
탁월한 시각 안내견이다.

양을 몰기 위해 개량된
보더콜리는
운동 능력과 지능을
고루 갖추고 있다.

다른 개들과 달리
훈련장에 뒤늦게 도착한
저먼 셰퍼드, 맥스

테스트를 앞두고
평소엔 안 하던
짓궂은 장난을 친다.

이대로 테스트가
성공할 수 있을까.

인기가 많고 머리 좋기로 소문난 견종들.

지능과 집중력,

운동 능력과 환경 적응력 등

종합적인 능력을

평가해 보기로 했다.

첫 번째 주자는

머리 좋고 운동 능력이 뛰어난

보더콜리.

신호와 함께 목줄을 놓아줬지만,

아무래도 멀리 갈 생각이 없어 보인다.

영리한 개지만 목표물에 대한 집중력은 약했던 모양.

결국 실패다.

ROUND 1 물건 찾기

삼각 모양 고깔 속에 개들이 좋아하는 물건을 넣고
찾는 실험이다.

이번에는
학습 능력이 뛰어난
스탠더드 푸들의 차례.

평소 연습한 적 없는 테스트인데, 괜찮을까.
다행히 목표물을 향해 곧바로 뛰어간다.

고깔 주변에서 잠시 망설이는가 싶더니,
좋아하는 플라스틱 공을 찾아냈다.
목표물을 찾는 데 걸린 시간은 15초.

이해력이 뛰어난

리트리버는 어떨까.

고깔까지 뛰어가는 데는 성공했는데,

그 다음이 문제다.

여기저기 냄새를 맡은 끝에 겨우 목표물을 찾아냈다.

지금까지의 순위는 2등.

마지막 저먼 셰퍼드, 맥스의 차례.
아직 흥분이 가라앉지 않은 것 같은데.

우려와 달리, 맥스는 한 번의 망설임 없이
냄새의 가닥을 찾아 목표물을 찾아냈다.
출발선까지 돌아오는 데 걸린 시간, 12초.

저먼 셰퍼드의 집중력은
실전에서 빛난다.

ROUND 2 원반 받기

두 번째 테스트는 원반 받기이다.

첫 번째 실패를 만회하기라도 하려는 듯
보더콜리는 빠른 움직임과 뛰어난 집중력으로
원반을 받아 낸다.

앞선 테스트에서 2등을 한 스탠더드 푸들은 어떨까.
좋은 머리에 그렇지 못한 몸.
태어나서 이런 굴욕은 처음이다.

리트리버는 먼 거리의 원반도 잡아낸다.
강한 의무감과 충성심, 귀여운 외모의 리트리버는
사랑받는 이유가 있었다.

이번에는 저먼 셰퍼드, 맥스의 차례.
명령에 따라 단숨에 원반을 잡아낸다.
간혹 실수가 생기더라도,
특유의 스피드와 민첩함으로 문제를 해결한다.
각 분야에서 뛰어난 개는 많지만,
모든 능력을 갖춘 개는 적다.

저먼 셰퍼드가 최고 견종으로 평가받는 이유다.

"능력에 따라 자기 역할에서 가장 뛰어난 품종들이 있겠지만
모든 견종이 할 수 있고 소화해 낼 수 있는 능력을 가지고 있는 것이
저먼 셰퍼트이기 때문에
최고의 우수한 품종이라고 말할 수가 있습니다.

말하자면 저먼 셰퍼드는 올라운더죠.
이것은 다른 많은 견종에서 찾아보기 어렵습니다."

PENTAGON

영국의 한적한 마을 칼링턴.
시골의 정취가 물씬 느껴지는 이곳에
오랫동안 영국 경찰로 일하다 은퇴한 데이브가
그의 반려견과 함께 산책을 나왔다.

핀은 어떤 개였기에 세상을 떠난 지금도
그 이름을 추억하는 걸까.
데이브는 애견 보호소를 위탁 운영하고 있다.

핀으로 인해 그의 삶도 크게 변했다.

"저는 데이브 워델입니다. 얘는 8개월 된 저먼 셰퍼드 '핀리'라고 해요.
핀리는 엄청 생기발랄한 8개월 된 강아지죠.
그리고 유명한 경찰견 '핀'의 조카예요.
보시다시피 매우 활동적이에요. 자기 삼촌처럼 말이에요."

핀은
태어난 지 얼마 되지 않아
경찰서에 왔다.

7개월 핀

경찰 데이브와 핀

영리한 개였던 핀은
빠른 속도로 훈련에 적응했고,
서로 신뢰를 쌓으며
최고의 경찰견으로 성장했다.

하지만

그날

그 일은

부지불식간에 일어났다.

이 사건으로 핀은 폐의 일부를 제거하는 큰 수술을 받았다.
목숨을 걸고 용의자를 검거하고,
파트너를 지킨 핀의 활약은 영국 사회에 큰 파장을 몰고 왔다.

"핀이 찔렸을 때 사람들은 포켓 나이프 정도를 생각했는데, 아니에요.
정말 큰 사냥용 칼이었죠. 범인은 이걸 핀의 가슴에 꽂은 거예요.
몇 센티미터 차이로 심장을 비껴갔어요."

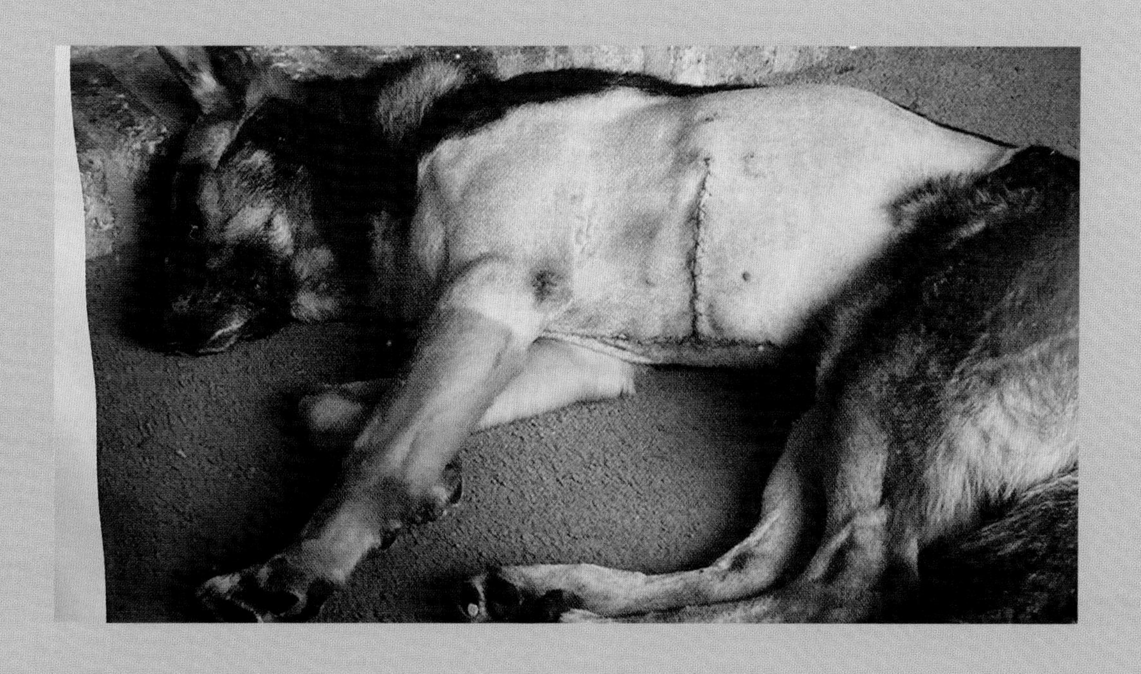

BGT POLICE
mirror.co.uk
DOG FACED

2016년 10월 5일··· 아마도 새벽 2시쯤이었던 것 같아요. 출동을 나갔는데 (현장에서) 무슨 일이 일어나고 있는지 몰랐어요. 정보가 거의 없었거든요. 젊은 사람이 골목에서 뛰쳐나왔는데, 막대기 같은 걸 들고 있는 것처럼 보였어요. 경찰봉 같은 거요. 핀이 저보다 빨리 그 사람을 잡을 수 있을 것 같다고 생각했어요. 그래서 목줄을 풀어 줬죠. 핀은 범인을 쫓아갔어요. 물론 저는 뒤에 있었고요. 그리고 둘은 뒤뜰로 사라졌어요. 핀은 뛰어서 범인의 다리를 물고 늘어졌고 바닥으로 끌어 내렸어요. 그다음 20초간 일어났던 일은 정말 악몽 같았어요. 제가 느끼기에는 20분처럼 느껴졌지만 실제로는 20초밖에 안 됐죠. 범인이 팔을 뒤로 젖혔다가 다시 앞으로 뻗었는데 마치 슬로 모션 같았어요. 저는 몰랐는데 그 사람이 핀의 왼쪽 옆구리를 찌른 거예요. 잠깐 쉬었다가 이젠 핀 위로 온 저를 찌르려고 했어요. 얼굴 쪽을요. 핀이 그 사람을 막았어요. 그래서 제가 지금 살아 있는 거죠.

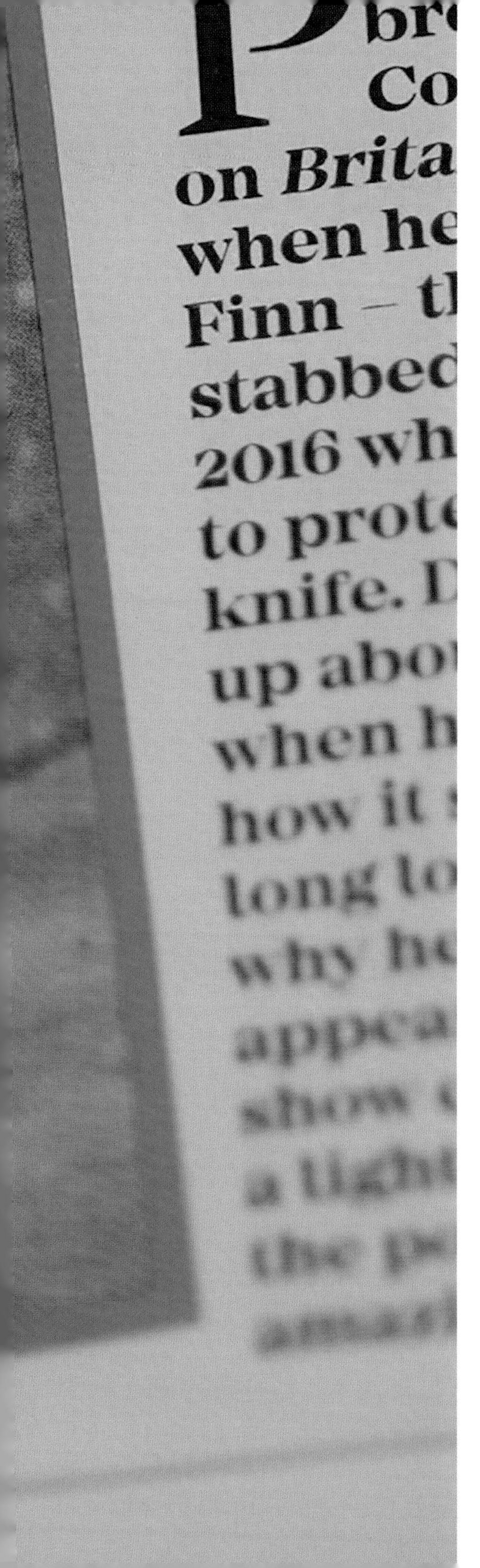

기적적으로 핀은 회복했고,

현장에도 다시 복귀할 수 있었다.

많은 영국인이 핀을 응원했고, 용맹한 동물에게 수여되는 상도 받았다. 반면 사회적으로 미흡한 문제가 있다는 것도 알게 됐다.

사건이 있은 후, 영국에서는 공무를 수행하는 사역견을 해치는 사람들을 강력하게 처벌하는 법이 제정됐다.

이름하여 '핀의 법'.

하지만 이 법을 제정하기까지 어려운 일도 많았다.
몇몇 사람들은 지나친 동물 권리 보호라며 반대했다.
데이브와 핀은 법의 필요성을 알리기 위해
유명 TV 프로그램에도 출연했다.
핀의 이야기에 감동을 받은 십이만 칠천 명의
영국 시민이 지지 서명을 했고,
18개월 만에 '핀의 법'이 제정됐다.

지난해 7월, 데이브는 열네 살의 핀을 떠나보냈다.

"사람들이 핀에게 무슨 일이 일어났는지 알았어요. 바로 다음 날 뉴스에 나갔거든요. 영웅이나 다름없는 개가 상처를 입었다고. 하지만 핀을 찌른 범인의 기소 사유가 기물손괴인 것은 말도 안 되는 일이었죠. 이 사건이 창문을 부순 거나 다름없다면 정말 말도 안 되는 일이잖아요.

그 사람은 왜 경찰견을 상해한 죄로 기소되지 않았을까요?
이 나라에는 사역견들이 일하는 동안
그들을 보호하는 관련 법이 없었기 때문이에요."

"컴퓨터, 어떤 기술, 사용 설명서도 필요 없어요.
그저 저와 개 단둘이 서로를 이해하고 행동을 배우고 감정을 공유해요.
그렇게 해서 서로에게 최고가 되는 거죠.
매일 그렇게 서로에게 최고가 되어 주었어요.
핀은 평생 제게 매일 100%를 주었어요.
그런 개와 함께한다는 건 엄청난 특권이죠. 핀은 제 삶을 바꿨어요."

'핀의 법'과 메달.

핀과 함께 일군 일들에 대한 기억을 모아 놓은 상자예요. 이게 가장 중요하죠. 이건 핀의 법이에요. 국회에서 만든 건데 국회의원(MP)과 국왕, 제 사인도 있어요. (물론) 핀도 사인했어요.

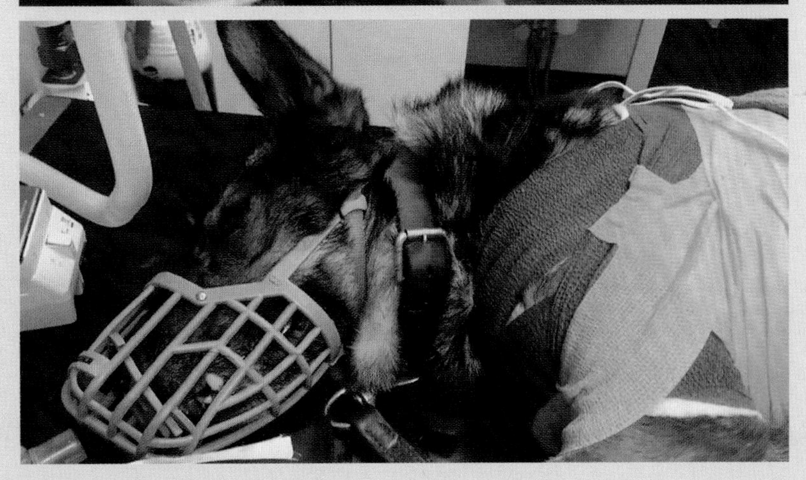

대전에 위치한 경찰견 종합 훈련 센터.

오늘 이곳에서는

중요한 행사가 열린다.

저먼 셰퍼드 경찰견, '짱'의 은퇴식.

"지금부터
경찰견 은퇴식 행사를
시작하겠습니다."

노견이지만

늠름한 발걸음.

우리가 흔히 말하는 정통 저먼 셰퍼트 견종입니다. 나이는 올해 이제 13살을 맞이했고, 짱이 같은 경우는 교육견으로서 저희 경찰견 종합 훈련 센터에 들어오는 교육생들에게 도우미 역할을 하는 교육원으로 활동을 계속했습니다.
경찰견 '짱'은 2012년 3월 2일 출생하였으며, 2013년 7월부터 경찰 인재 개발원 소속 경찰견으로서의 힘찬 첫 발걸음을 내딛었습니다.

그로부터 10년.
한국 경찰과 구조대에서 활동 중인
많은 사역견들이 짱의 제자다.

짱은 엄격하고도 노련한 시범 조교였다.

"존경하는 동료 여러분 올해는 대한민국 경찰견의
도입 50주년을 맞이했습니다. 이제 경찰견은 단순히
동물이 아닌 명실상부 우리 14만 경찰 가족의
동료이자 최고의 파트너로…."

그간의 노고에 대한 감사를 담아,
최고의 예우를 갖추는 경찰들.

화려한 꽃다발이 아직은 어색하지만,

그래도 제법 잘 어울린다.

이제 모든 임무를 마친 짱은
평범한 개로 살아가겠지만,

저먼 셰퍼드, '짱'이 남긴

희생과 헌신은
오랫동안 그들의 가슴에

기억될 것이다.

귀신 쫓는 개

방카르

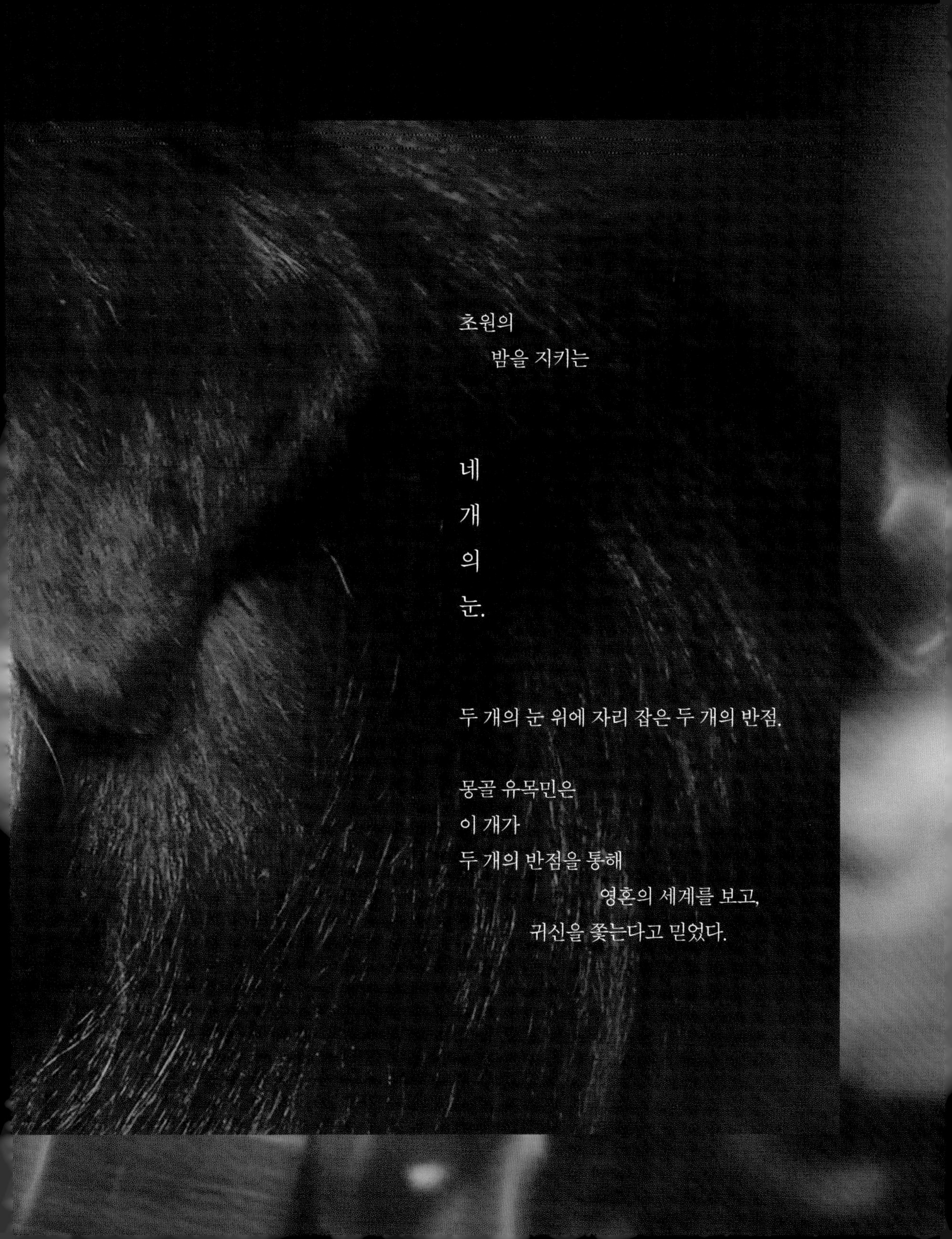

초원의
밤을 지키는

네
개
의
눈.

두 개의 눈 위에 자리 잡은 두 개의 반점.

몽골 유목민은
이 개가
두 개의 반점을 통해
영혼의 세계를 보고,
귀신을 쫓는다고 믿었다.

이러한 믿음은
칠흑 같은 어둠 속에서

천 년 의 시간 동안,

몽골의 초원을 달리며

유목민의 삶과 함께한 개.

그들의 생존 수단인
가축을 보호하는 데서
비롯됐다.

목숨을 걸고
맹수로부터 가족을 보호한

용맹한 수호견.

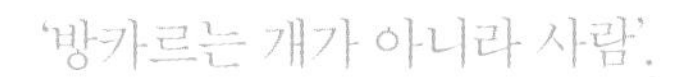

'방카르는 개가 아니라 사람'.

헌신적이고 충성스러운 성격으로
몽골의 낮과 밤을 지키며

귀신 쫓는 개라 불린,

'방카르'다.

13세기, 칭기즈 칸이 건설한 몽골 제국.
아시아, 유럽 대륙을 휩쓸며
세계의 지배자가 되었던 민족.

영광의 시간은 지나갔지만,
초원과 유목민, 말을 빼놓고
몽골의 역사를 얘기할 수 없다.

대륙을 호령하던 기마 민족의 기개를
잊지 않고 지켜 오는 그들.

그런데 말과 함께 몽골 역사의 한 페이지를
장식한 개가 있다.

유라시아 동쪽 끝에서 서쪽 끝까지
칭기즈 칸의 실크로드 원정을 함께한 개.

한 지역의 수호신이 되기도 한,
몽골인이 가장 사랑하는 개, 방카르.
그들에게 방카르는 단순한 개가 아니다.

커다란 덩치와 달리,
온순한 성격으로
사람의 마음을 읽는 능력을 지녔다.

방카르 보존에 앞장서고 있는
척트 다시의 자랑스러운 개,
태지

카메라에 예쁘게 찍히라고
붉은색 목걸이에 곱게 빗질도 해 준다.

이런 호사스러운 대접이 낯설지 않은 태지.

"다른 강아지들보다
고급스런 느낌과 자신감이 있었어요."

고급스러운 이미지에 맞게
왕족이라는 뜻의 '태지'라는 이름도 지었다.

"몽골에서는 가축 중에
오직 개에게만 이름을 지어 줘요.
오직 개한테 만요.
가족이니까요.
방카르가 없으면 살 수가 없어요."

몽골 유목민의 자부심이 된 개.

그들 사이의 정서적 유대감은 매우 깊어서
계절마다 먼 거리를 이동해야 하는 유목 생활에도

늘

함께했다.

초원에서 만난

유목민의 거주지.

게르 앞을 지키고 있는 개는 방카르다.

여름의 초원은 해야 할 일이 많다.

능숙한 솜씨로 말을 다루는 남자는
40년 동안 초원에서
유목 생활을 해 온 네르귀.

부지런히 몸을 움직여
다가올 겨울을 준비한다.

영양소가 풍부한 마유로 유제품을 만들고,
팔아서 필요한 물품을 사기도 한다.

네르귀에게는 아직 어린 네 명의 아들이 있다.
첫째 아들인 유로일트는
다섯 살 때부터
아버지에게 말 다루는 법을 배웠다.

사교적이고 놀기 좋아하는 성격의 안나르와 달리,
트럭 밑에 숨어서 나오지 않는 한 마리.
좋아하는 간식으로 유인해 보지만,
꿈쩍도 하지 않는다.
볼까마는 충성심이 강하지만, 내성적이다.
간식에 눈이 먼 안나르는
볼까마의 수줍은 사정 따윈 관심이 없다.

평소에는 제멋대로지만, 안나르와 볼까마가
제대로 능력을 발휘하는 순간이 있다.

"야생 동물이 오면
우리 애들은
용기 있게 잘 달려들거든요.
싸울 때 자기보다 덩치가 커도
신경 안 써요.
두려움 없이 잘 싸워요."

웬만한 늑대보다 긴 몸 높이.
평균 50kg에 육박하는 커다란 덩치.

가족 앞에서는 한없이 순한 양.

그래서 몽골 아이들은
아무런 두려움 없이
방카르와 뛰어놀며 추억을 쌓는다.

게르마다 보통 네 마리를 키우는데,
두 마리는 휴식을 취하고, 두 마리는 경계를 선다.

방목지에 간 염소와 양을 데리러 갈 시간.
방카르가 왜 특별한지 보여 줄 때다.

네르귀 가족이 키우는 양과 염소는 모두 400여 마리.
해 지기 한 시간 전, 매일 반복되는 일과다.

가만히 누워서 양치는 모습을 지켜보는 안나르.

목양견이라면서 왜 우두커니 있는 걸까.

"방카르는 옛날부터
방목지에 그냥 있어요.
지금도 그래요."

유럽의 목양견은 쉴 새 없이 가축을 쫓는다.

가축을 기를 목적으로 훈련을 받아
가축이 무리에서 이탈하는 것을 막고
우리로 이동시킨다.

보호견인 방카르는 가축의 뒤를 좇지 않는다.
대신 주변에서 경계 태세를 취하며
맹수의 공격에 대비한다.

이런 행동은

본
능
이다.

평화로워 보이지만, 위협이 공존하는 초원.

언제 어디서 공격해 올지 모르는 맹수,
몽골 유목민에게는 공포의 대상이다.

방카르는 훈련과 지시 없이도, 가축을 보호한다.
수가 적은 유목민이 많은 가축을 키울 수 있는 건,
어디선가 지켜보고 있다가
위기의 순간 달려와 줄 방카르가 있기 때문이다.

일반 목양견 같은 경우는 사람이 더 보호를 한다고 보면, 방카르의 경우는 가축들을 야생 동물로부터 직접 싸워서 물리쳐 주는 그런 역할을 한다고 보시면 됩니다.

"방카르는 수천 년 동안 몽골인들과 함께 살아왔어요. 방카르 없는 유목 생활은 상상하기 힘들어요. 아무리 생각해 봐도 어려워요. 목장에서는 가축을 편안하게 하고 야생 동물로부터 보호하며 가족에게 도움을 주는 등 방카르가 맡은 역할이 많아요."

"방카르 없는 유목 생활은 생각할 수 없어요.
때문에 옛 선조들 때부터 우리는 방카르를
존중해 왔어요."

지난해 겨울,
취재진이 직접 촬영한 영상이다.

방카르의 움직임이 심상치 않더니,

우리의 양과 염소들이
일제히 울기 시작했다.

겨울이 되면 자주 찾아오는
불 청 객.

야생의 포식자,
늑대가 나타난 것이다.

용맹한 기세에 당황한 늑대가
몸을 피하고 만다.

하지만 자신의 영역에서 떠나지 않는 한,
아직 싸움은 끝난 것이 아니다.

멀찌감치 떨어져 기회를 노리는 늑대.

단숨에 늑대에게 달려가는 방카르.
방카르는 늑대보다 힘이 약하지만,
절대 겁먹거나
두려워하지 않는다.

뒤를 쫓아간 방카르가
다시
맹렬한 공격을 퍼붓는다.

굶주린 야생 늑대를 상대하는 것은

목
숨
을 걸
어
야 하는 일.

인간의 약 네 배에 가까운 저작력을 가진
늑대에게 목을 물리면 살아남기 어렵다.
하지만 이대로 물러설 방카르가 아니다.

얼마나 시간이 흘렀을까.

방카르가
있는 힘을 다해 늑대를 쓰러트렸다.

싸움의 상처가 깊어지던 그때,
패배를 직감한 늑대가
영역 밖으로 도망친다.

거짓말처럼 온순해진 차름.
다행히 물린 상처가 깊지 않다.
조금 전까지 늑대와 사투를 벌인 개라는 사실이
믿기지 않는다.
상처가 크지 않은 데는 이유가 있다.

방카르는 태생적으로 목덜미의 가죽이 유연해
맹수의 공격에 강한 신체를 가지고 있다.
늑대에게 물리고도 살아남은 것은 이 때문.

늑대가 멀어지면
더는 쫓지 않는다.
싸움이 아니라
보호가 목적이기 때문.

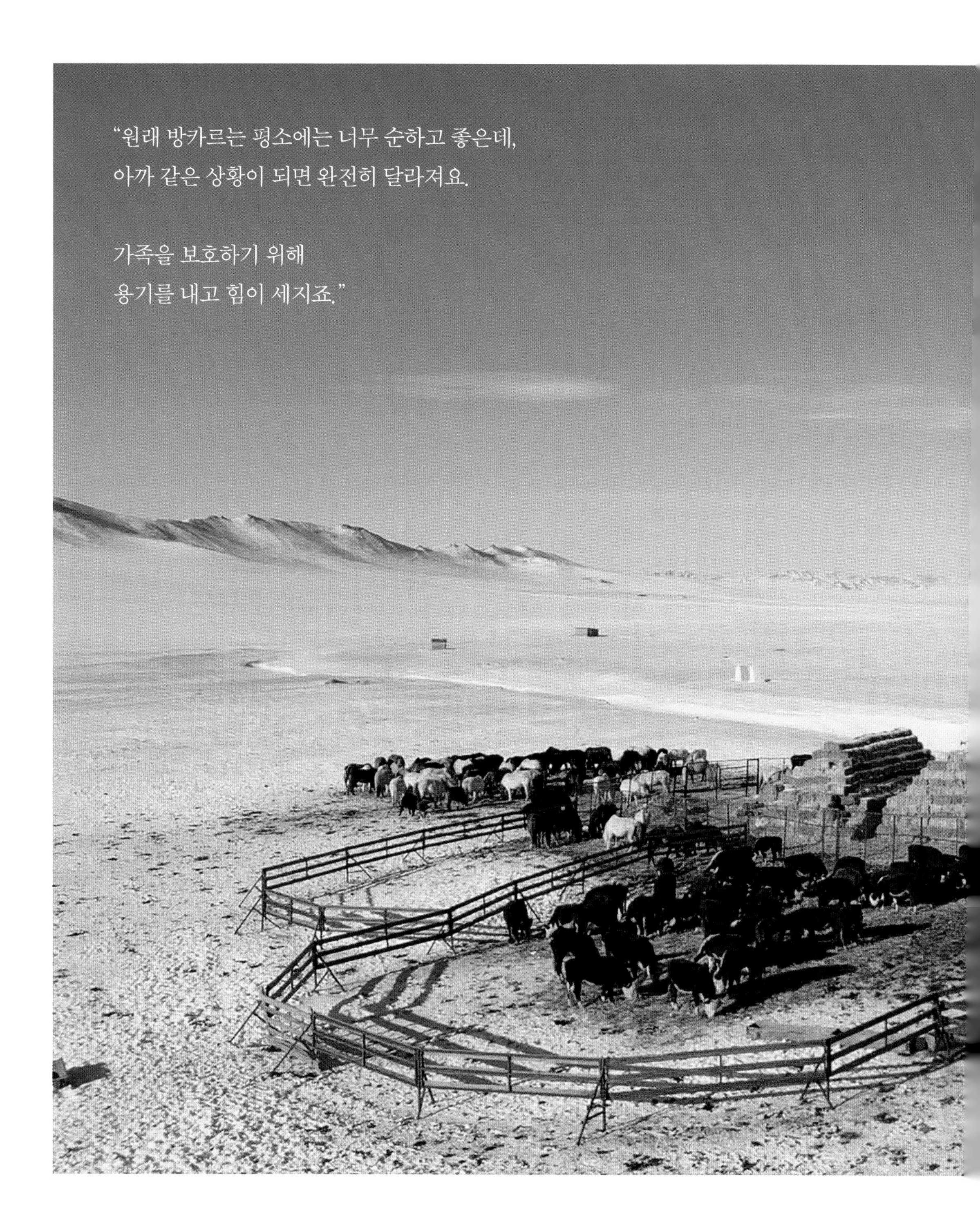

"원래 방카르는 평소에는 너무 순하고 좋은데,
아까 같은 상황이 되면 완전히 달라져요.

가족을 보호하기 위해
용기를 내고 힘이 세지죠."

"우리는 방카르를 개가 아니라
사람이라고 생각해요."

방카르가 보호하기로 마음먹으면
어떤 맹수도 당해 낼 수 없다.
용맹함이 몽골 제국을 건설한 칭기즈 칸의 눈에 띄었다.

열 명의 병사에 한 마리의 개.
5만 명의 군사가 움직이면
5천 마리의 방카르가 함께했다.

몽골군의 이 신비로운 장면을
목격한 마르코 폴로는
자신의 책에 이렇게 적었다.

'개의 덩치는 당나귀만 하고
소리는 마치
사자와 흡사하다.'

칭기즈 칸 시대 몽골 비사를 보면 군대를 어떻게 구성했는지 알 수 있어요. <1소대는 10명의 군인, 말, 개>로 이루어져 있다고 나와 있죠.

적들을 포위하고 밤에 잘 때 동서남북으로 개를 배치해요. 그리고 다음 날 아침에 보면 진지에서 도망치던 적들이 개와 마주쳐 많이 죽어 있었다고 해요. 이를 통해 옛날에 전쟁할 때 개를 어떻게 활용했는지 알 수 있어요. 그 개가 바로 방카르였습니다.

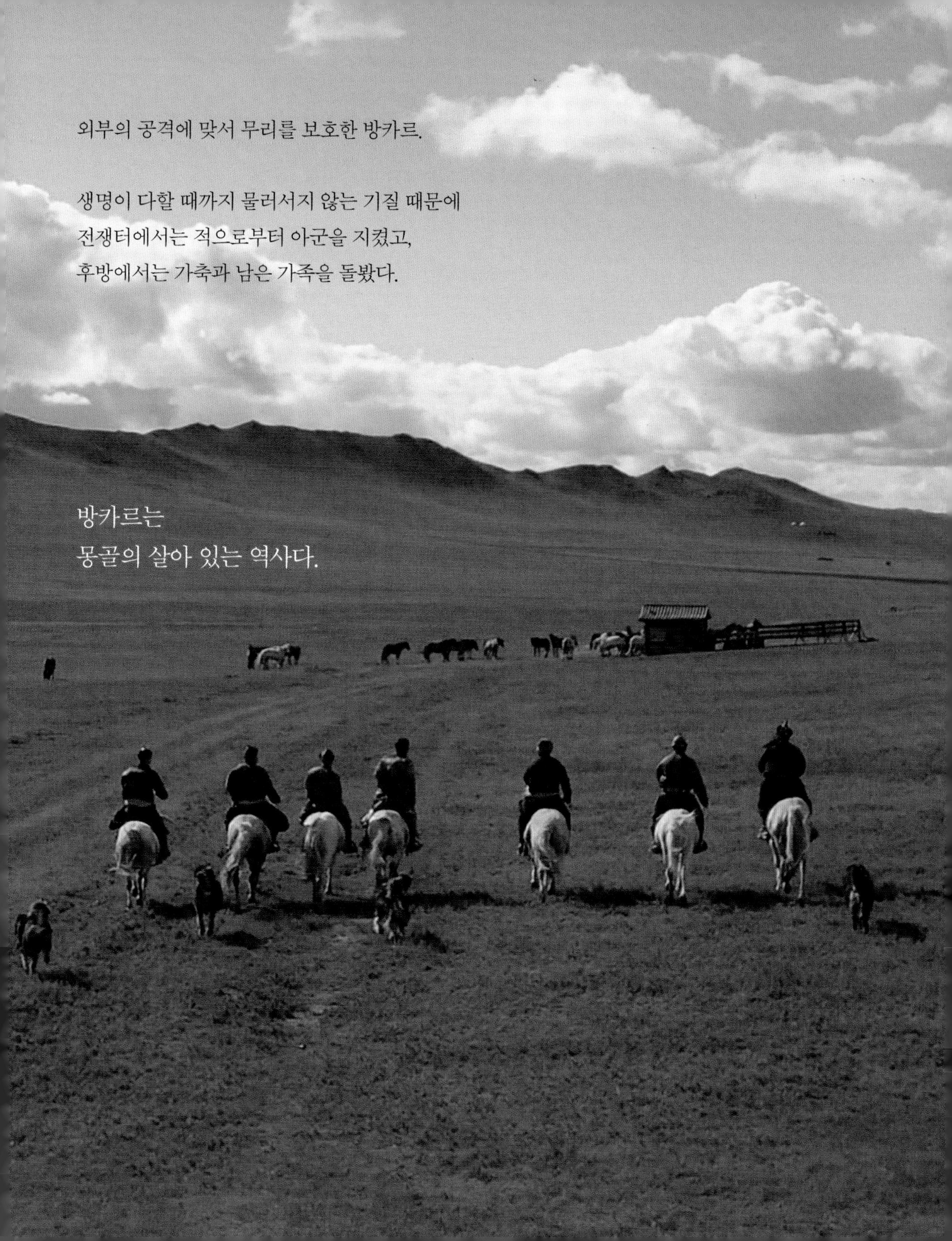

외부의 공격에 맞서 무리를 보호한 방카르.

생명이 다할 때까지 물러서지 않는 기질 때문에
전쟁터에서는 적으로부터 아군을 지켰고,
후방에서는 가축과 남은 가족을 돌봤다.

방카르는
몽골의 살아 있는 역사다.

초원에 밤이 와도,
방카르의 하루는
끝나지 않는다.

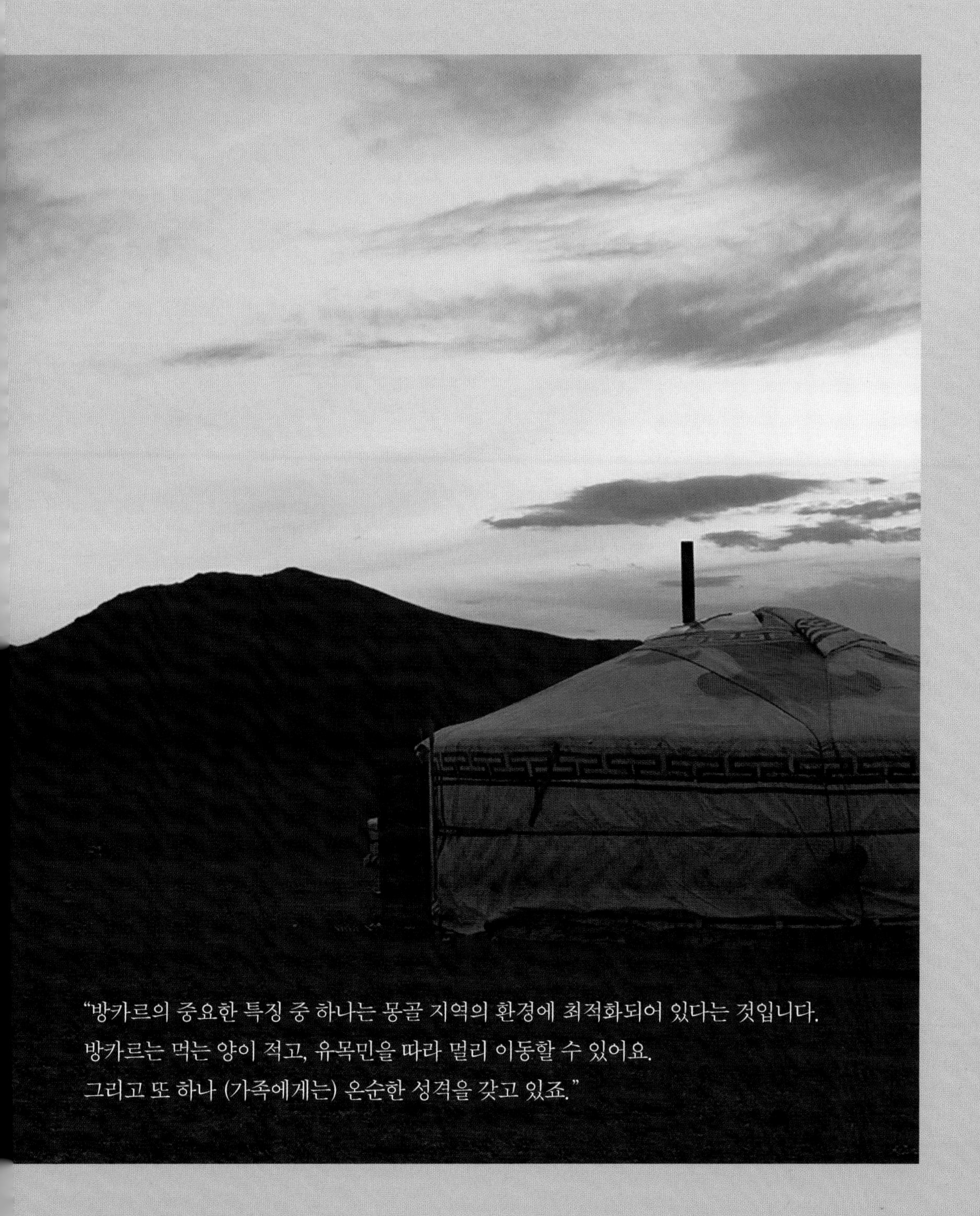

"방카르의 중요한 특징 중 하나는 몽골 지역의 환경에 최적화되어 있다는 것입니다.
방카르는 먹는 양이 적고, 유목민을 따라 멀리 이동할 수 있어요.
그리고 또 하나 (가족에게는) 온순한 성격을 갖고 있죠."

힘든 일과를 마친 네르귀의 가족들이
편안한 휴식을 취할 수 있도록,
가축과 게르를 보호한다.

이제 잠자리에 들 시간.
몽골에는 개가 짖지 않으면 잠을 잘 수 없다는
오래된 속담이 있다.

그들에게 개 짖는 소리는
잠을 청하는 자장가였다.

가족들이 모두 잠든 후에도
방카르는 쉽게 잠들지 않는다.

밤이 깊을수록
방카르의 눈은
낮보다 밝게 빛난다.

수상한 움직임을 느끼면
큰 소리로 짖어 경계한다.

몽골인은 방카르가
맹수뿐 아니라 영혼의 세계까지 본다고 믿었다.

"네 개의 눈으로 귀신까지 봐요."

낮에는 두 개의 눈으로 맹수를 쫓고,
밤에는 두 개의 반점으로 귀신을 쫓는다.

초원의 밤을 지키는
수호자.

새벽이 왔지만, 방카르는 여전히 깨어 있다.

밤새도록 지켜 준 덕분에
가축들은 지난밤 깊은 잠을 잤다.

조금 지쳐 보이지만,
목동들이 깰 때까지 자리를 떠나지 않는다.

또다시 시작된 평화로운 아침.

헌신적이고 충성스러운 성격으로
고단한 유목민의 삶을 지켜 왔다.

완전히 아침이 밝으면,

경계 근무는 끝이 난다.

그제야 웅크려 잠을 청한다.

꿈에서도 가족과 가축들의 안전을 위해

넓은 초원 위를 지키고 있을까.

네르귀 가족의 첫째 아들 유로일트는
아침부터 나무를 줍는다.
엄마의 일손을 돕기 위해 땔감을 준비한 것.

자급자족으로 살아가는 유목민은
생활에 필요한 모든 걸 스스로 해결한다.

게다가 얼마 전, 넷째까지 태어났다.
엄마의 하루는 더 바빠질 것 같다.

일하러 나가기 전,
가족들을 위한 따뜻한 음식을 준비한다.

겨울이 다가오면,
고기 양을 늘려 식사한다.
추운 계절을 보낼 체력을 비축하기 위해서다.

유로일트가 초원에 나간 가족들을 부르자,
세 살 다르함도
형을 따라해 본다.

유목민에게는 하루 중 가장 기다려지는 시간이다.
가진 것은 많지 않지만,

소중한 가족이 있고,
가족을 먹일 귀한 음식이 있으니
남부러울 것 없다.

안나르와 볼까마에게도 이 시간은 천국.
따뜻한 고깃국에 밤새 언 몸을 녹인다.
방카르는 덩치에 비해, 식사량이 많지 않다.

물자가 부족한
초원의 삶에 적응했기 때문이다.

낯선 사람이 나타나자,
곧바로 경계 태세에 들어가는 방카르.

하지만 가족들이 반기면
더는 짖지 않는다.

가족의 친구는 나의 친구.

경계심을 풀자,

부족한 잠이 솔솔 밀려든다.

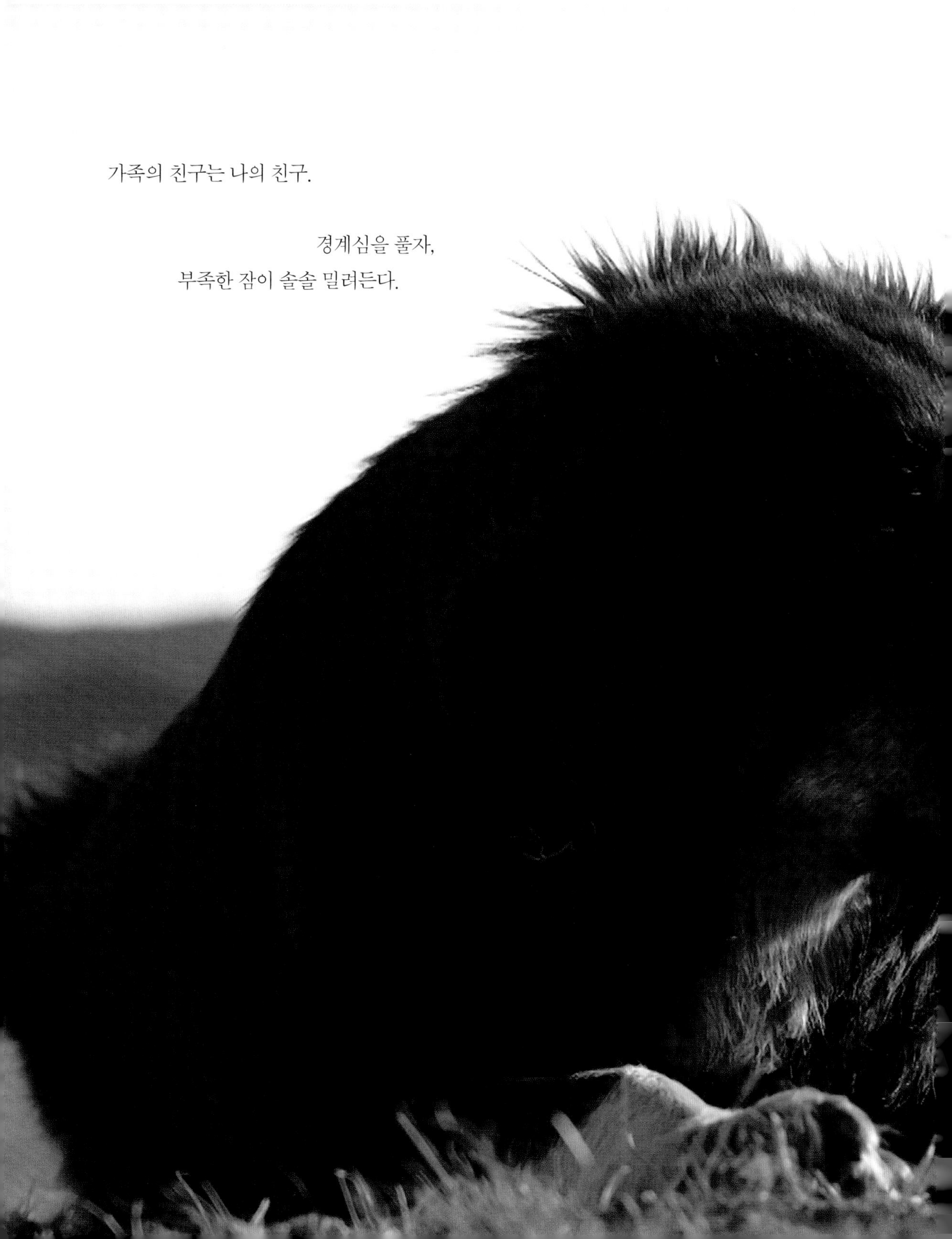

식사가 끝나자, 네르귀는 양을 잡기 위해 나섰다.
놀란 양은 생각처럼 쉽게 잡히지 않는다.
하지만 40년 베테랑 유목민인 네르귀에게
당해 낼 재간이 없다.

유목민이 양을 잡는 건,
특별한 날뿐이다.

양은 유목민에게 가장 큰 재산.
기르던 양을 잡는 건, 흔치 않은 일이다.
능숙한 솜씨로 가죽을 벗기고
뼈에서 깨끗이 고기를 발라내는 네르귀.
어느새 양은 가죽만 남았다.

귀한 양으로 무엇을 하려는 걸까.

1년에 딱 한 번,

집안 행사가 있는 날.

게르 앞의 방카르도 긴장한 눈치다.

무언가를 들고 달려오는 유로일트.
말에 도장을 찍을 시간이다.

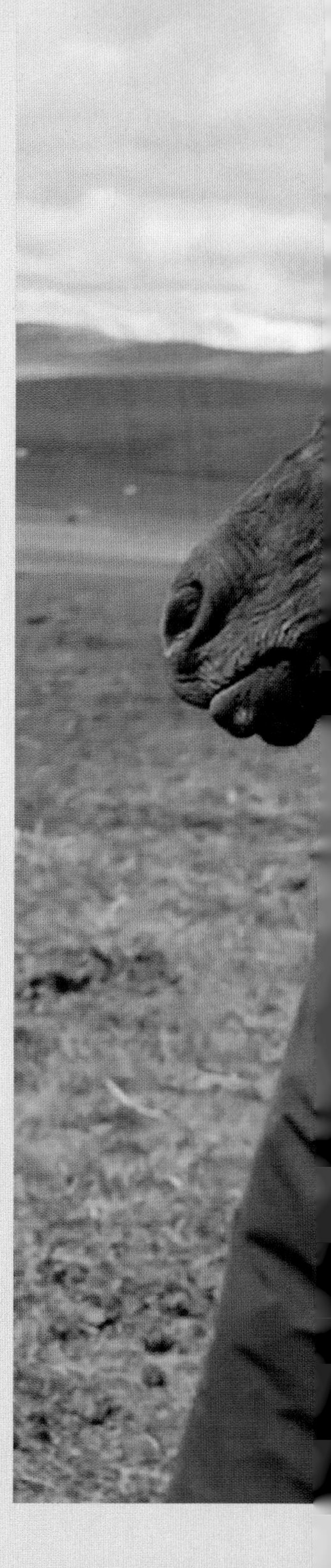

봄에 태어난 망아지가
어느새 네르귀과 힘을 겨룰 만큼 자랐다.

놀란 말을 단번에 제압하는 네르귀.

태어난 지 얼마 되지 않은 말은
겁이 많아 다루기 쉽지 않다.

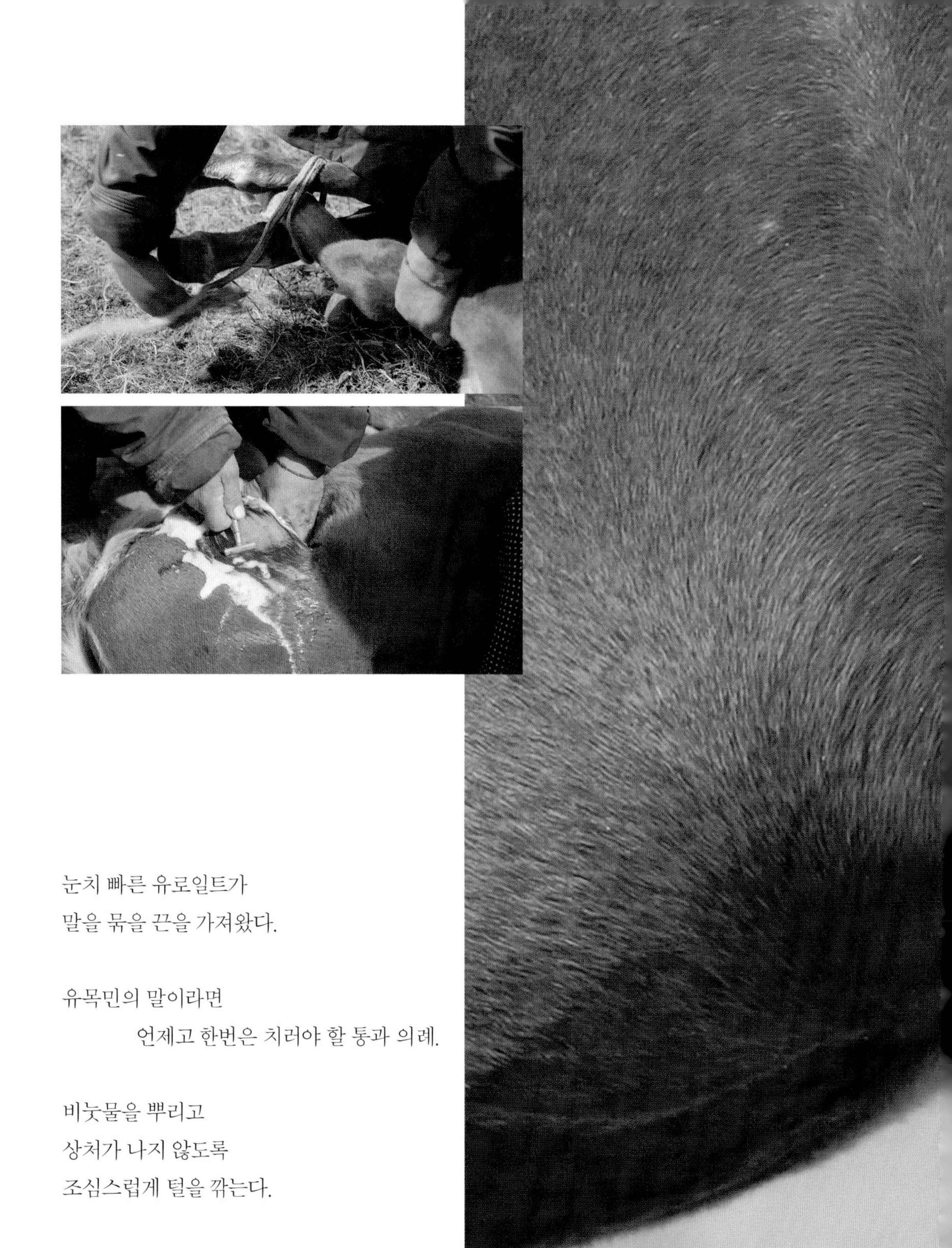

눈치 빠른 유로일트가
말을 묶을 끈을 가져왔다.

유목민의 말이라면
언제고 한번은 치러야 할 통과 의례.

비눗물을 뿌리고
상처가 나지 않도록
조심스럽게 털을 깎는다.

형제의 눈에 호기심이 가득하다.
몽골 아이들에게는 초원이 학교다.

"망아지 도장 찍는 날은 기분이 너무 좋아요.
몽골인들에게 이날은 말이 더 많아진다는 것을 상징하는
날이거든요. 이런 특별한 날에 여러분들이 오셔서
기분이 더 좋아요."

말 도장은 말이 어른이 됐다는 뜻이고,
유목민에게는 재산이 늘었다는 의미.
성년식이자 가족의 잔치다.

그런데 말 도장을 찍는 방법이 좀 특이하다.

먼저 액화 질소를 준비한다.
섭씨 영하 196도로 냉각한 액화 질소에
쇠로 만든 도장을 넣고 얼린다.

말의 고통을 줄이기 위해
고안한 방법이다.

과거 불에 달군 인두로
낙인을 찍는 것은
보는 사람도 힘들고,
말도 고통스러운 일이었다.

뭔가 다른 방법이 필요했다.

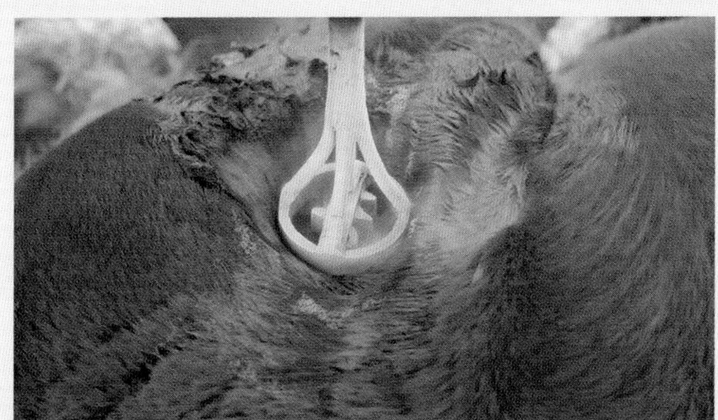

액화 질소에 얼린 도장을 가져가
털을 민 곳에 지그시 대고 누른다.
순간적으로 피부 세포가 얼면서
표식이 생기는 방식.

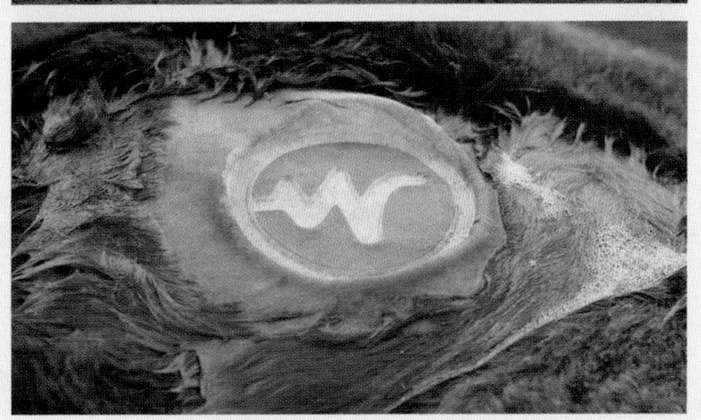

말 도장 찍는 방법이 바뀌면서,
잠시지만
고통의 시간이 줄었다.

유목민에게 말 도장 찍기는 추수 감사절 같은 행사.
번식과 평안을 의미하는 말 도장을 이용해
마유주를 나눠 마시며

가족의 건강과
행복을 기원한다.

조용히 가족의 곁을 지키는 방카르.

몽골 유목민의 기쁨과 슬픔,
모든 순간을 함께했다.

그런 방카르에게도 힘든 시간이 있었다.

몽골이 구소련의 위성 국가였던 시기.

방카르는
몰살될 위기에 처한다.

방카르 털로 만든 모피 코트 열풍의
희생양이 되었고,

어떤 사람들은 질병을 퍼트린다고 믿었다.

학살한 방카르에 대한
잘못된 인식과
인간의 이기심으로 인해 계속된
도
살.

초원의 수호자를 잃은
유목민의 삶은 무너져 내렸다.

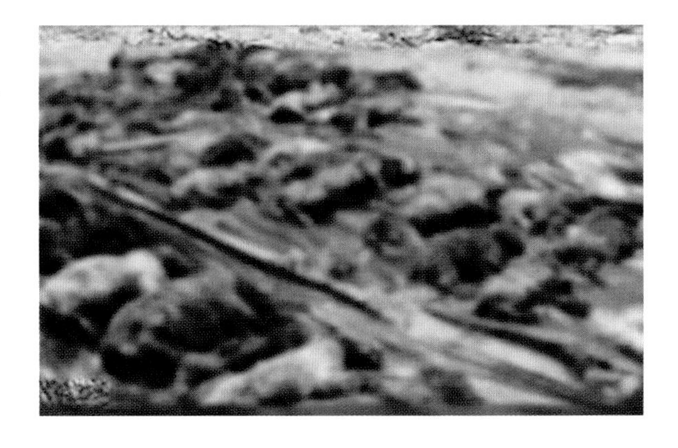

<애리귀>라는 병으로 (유목민들이) 많은 가축을 손해 본 적이 있었어요. 그 병이 개 분변 때문에 방목지 환경이 오염돼서 생겼다고 1950년대 말 동물 의학 쪽에서 그랬죠. 그래서 방카르를 정책적으로 죽이기 시작했어요.

"그때 알았죠. 유목 생활에
방카르가 얼마나 중요한 지를요.
(방카르를) 존중할 수밖에 없다는
생각이 들었죠."

현재 몽골에서는 방카르 보존을 위한
움직임이 활발하다.
국가 단체나 정부가 아닌
시민들이 자율적으로 나섰다.

토종 품종을 복원해
몽골 전역에 나눠 주고,
방카르의 가치를 알린다.

이런 노력들 덕분에
방카르를 위한 새로운 시도도 움트고 있다.

2023년 몽골에서 처음 열린 도그 쇼에
방카르가 참가했다.

전 세계 10여 개국이 참가한 대회.
다양한 견종들 사이에서
기량을 뽐낼 시간이다.

이번 대회에는
모두 2백여 마리의 방카르가 참가했다.

낯선 장소에 많은 개들이 모이다 보니
긴장하는 것도 당연지사.

148

그런데 다른 개들이 아무리 짖어 대도
방카르는 평온하다.
대수롭지 않다는 눈치다.

초원에서 맹수를 상대하던 방카르답다.

해외에서 온 심사위원들은
처음 보는 몽골 개에 감탄했다.

"(방카르는) 본성이 순한 것 같아요. 스스로에 대한 믿음이 있는 동시에 차분해요.
흥분하지 않고 한결같죠. 방카르의 가장 중요한 특징 중 하나예요.

방카르는 정말 균형이 잘 맞춰진 성격을 가지고 있어요. 매우 건강하고, 차분하고,
사람들에게 정말 친절하죠. 그들은 정말 환상적인 성격을 갖고 있죠.
다른 개들은 이만큼의 우수한 품질이 안 나와요. 하지만 방카르는 정말 우수해요."

과거의 아픔을 딛고
다시 몽골 초원의 주인공으로 돌아온 방카르.

달리는 발걸음이 더 강하고 단단해졌다.

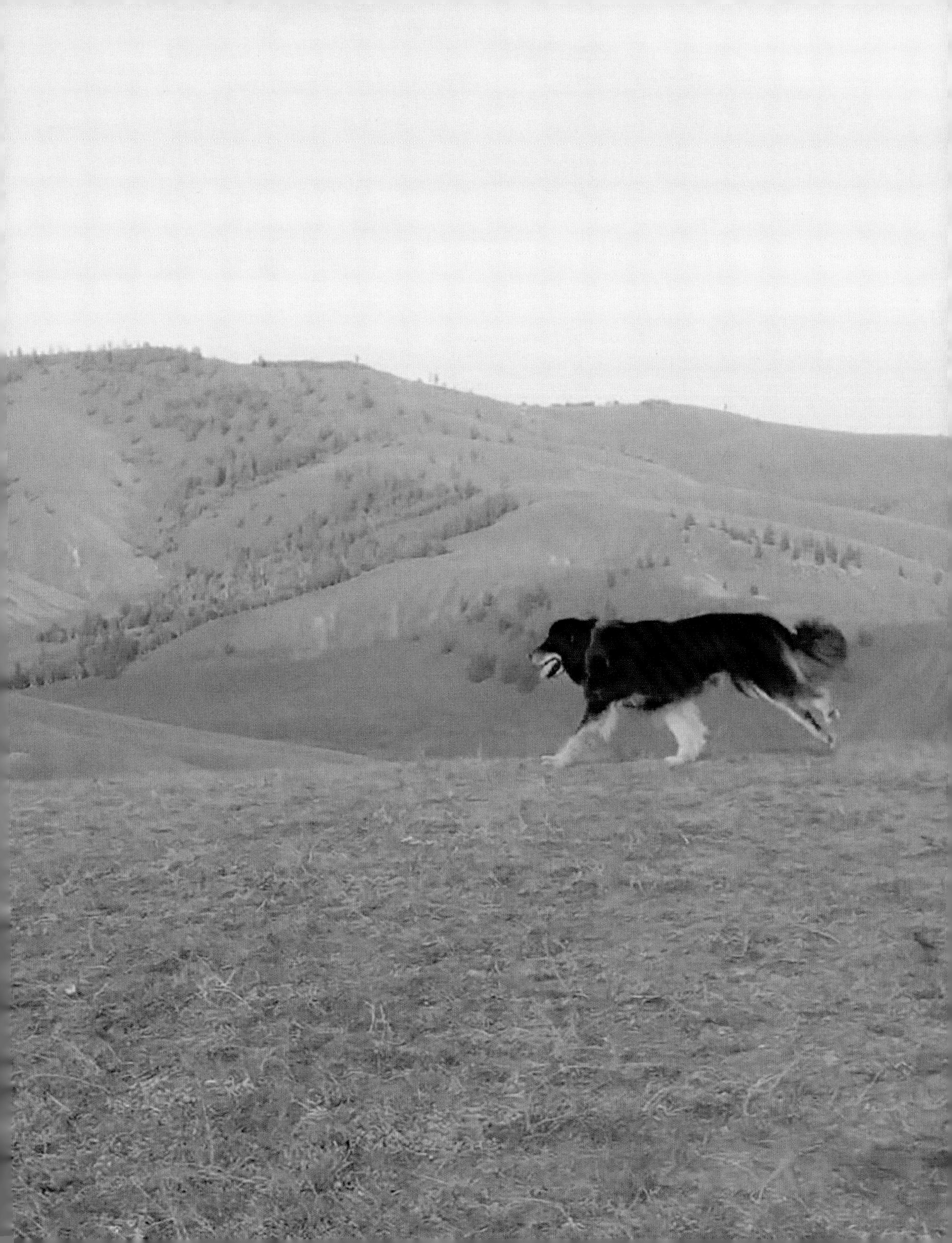

겨울이 온 유목민의 거주지.
반가운 소식이 들려왔다.

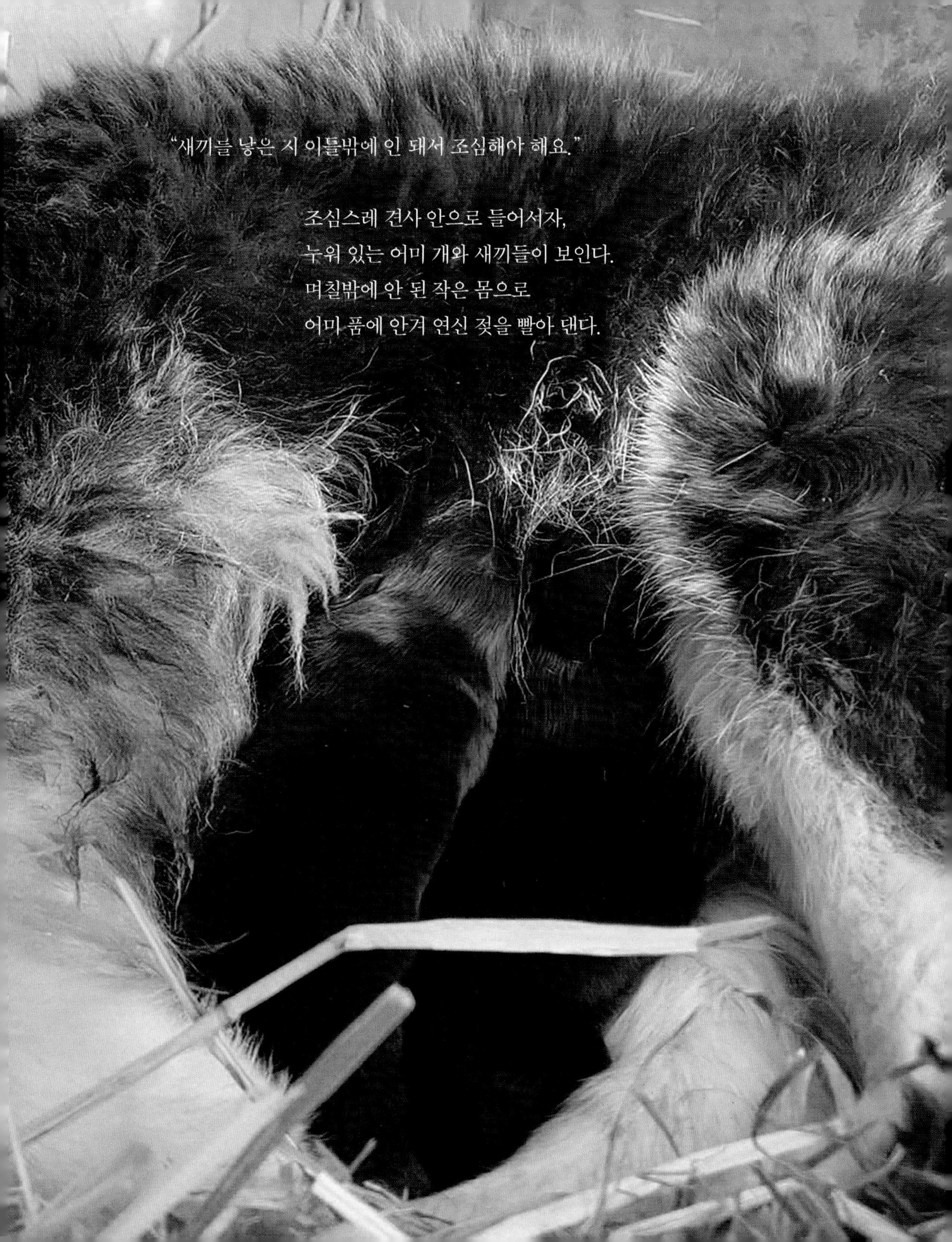

"새끼를 낳은 지 이틀밖에 안 돼서 조심해야 해요."

조심스레 견사 안으로 들어서자,
누워 있는 어미 개와 새끼들이 보인다.
며칠밖에 안 된 작은 몸으로
어미 품에 안겨 연신 젖을 빨아 댄다.

“3마리 낳았어요. 다 암컷이에요.
새끼 낳을 때 걱정도 많이 되고 시간도 많이 걸렸지만
잘 해냈어요.”

몸에서 새끼를 떼어 놓자 놀라는 어미 개,

하탄

사랑을 듬뿍 받고 자라서인지
검은 털에 반들반들 윤기가 흐른다.

하탄은 새끼를 멀리 두는 게 아무래도 불안했는지,
가까이 데려오려고 하지만, 초보 엄마라 쉽지 않다.
결국 새끼들이 제힘으로 어미 품에 파고든다.

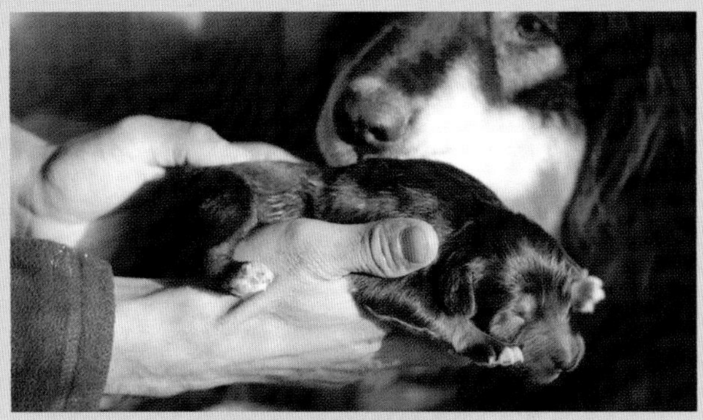

누가 가르쳐 준 것도 아닌데,
모성애가 대단하다.
아직 새끼 다루는 법이 능숙하지 않을 뿐.
힘들게 낳은 녀석들이라, 더욱 귀하다.

따뜻한 계절은 놔두고
겨울에만 출산하는 방카르.
어미의 걱정과 달리,
새끼들은 추운 날씨에도 활기가 넘친다.

혹한 겨울을 견뎌 내야
유목민의 일원이 될 수 있다.

"방카르는 일 년에 딱 한 번
추운 시기에만
새끼를 낳아요."

“몽골 유목 생활은 (겨울에) 매우 춥고, 아주 멀리 이동하는
특징이 있어요. 그래서 그것에 맞춰 방카르도 진화한 거죠.
만약 환경이 바뀌어서 더운 곳에 살게 되면 이 특징은
제일 큰 약점이 될지도 몰라요.”

방카르는 품종 개량 없이
몽골의 자연과 문화에 적응하며 성장했다.

겨울은 방카르에게 가장 한가한 시간.

가축들이 풀을 뜯으러 나가지 않으니,
먼 곳까지 따라나서 경계를 서지 않아도 된다.

방카르가 영하 30도의 날씨에 출산하는 건,
고단한 유목민에 대한 배려다.

몽골에서는 보통 태어난 지
한 달에서 두 달 된 강아지를 입양 보낸다.
절대 팔지 않고
가까운 친척이나 지인에게 나눠 준다.

"개를 고르는 전통적인 방법이에요.
과학적이지는 않지만, 강아지를 잡고 올렸을 때
소리를 안 내면 '용기 있는 개'라고 생각해요.
외국인들한테는 좀 잔인하게 보이겠지만
개 목 부분을 잡았을 때 아파하지 않아야 해요."

강아지를 고를 때 반드시 챙겨 보는 게 있다.

꼬리와 목덜미를 잡아 들어 보는데,
부드럽고 유연한 가죽을 가지고 있어야
맹수의 공격으로부터 살아남을 수 있다.

출산 경험이 많은 다구안은
이런 일에 익숙하다.

자신과 가족을 지켜 줄 개이기에
신중하게 고른다.

데려갈 개를 정하고 나면
반드시 해야 할 게 있다.
귀에 대고 속삭인다.

'아리슬랑(사자) 아리슬랑 아리슬랑'

강아지에게는 아리슬랑이라는 이름과
새로운 가족이 생겼다.

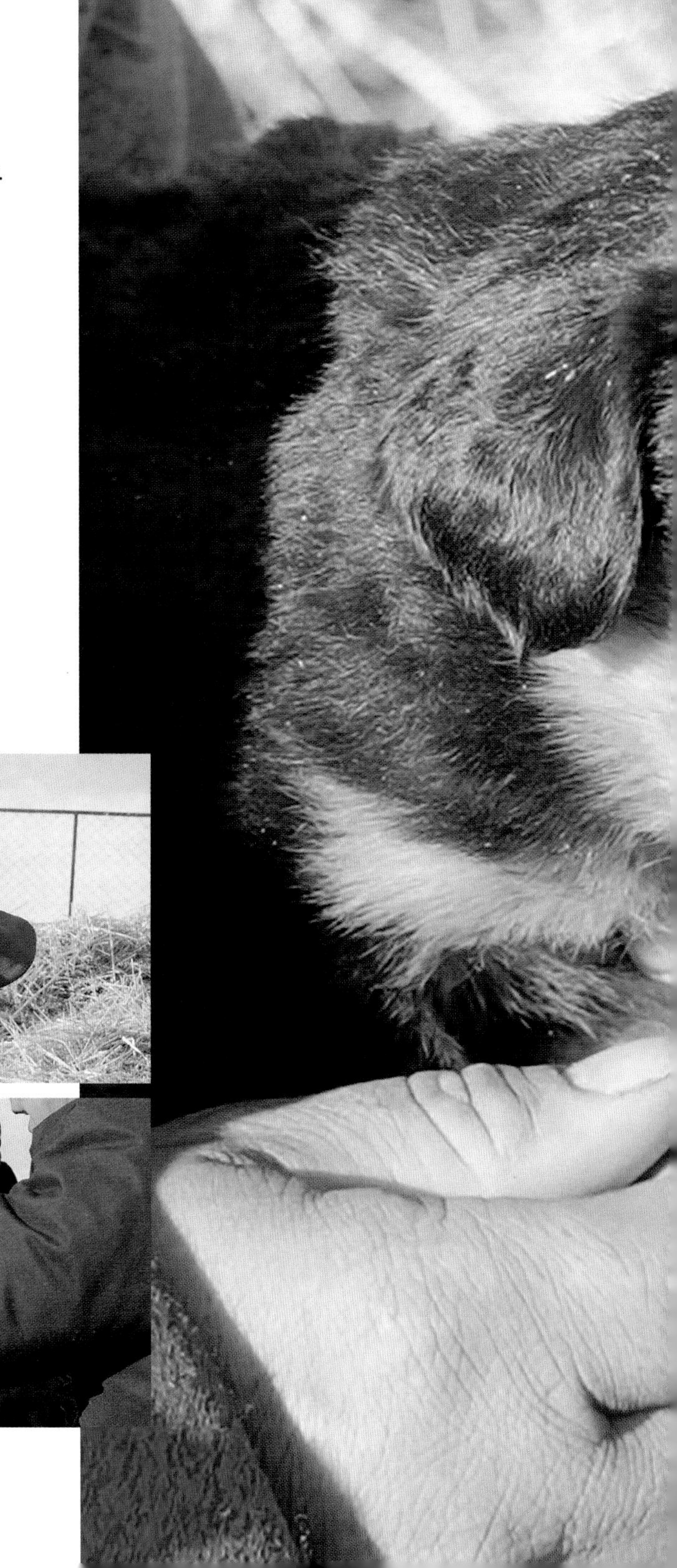

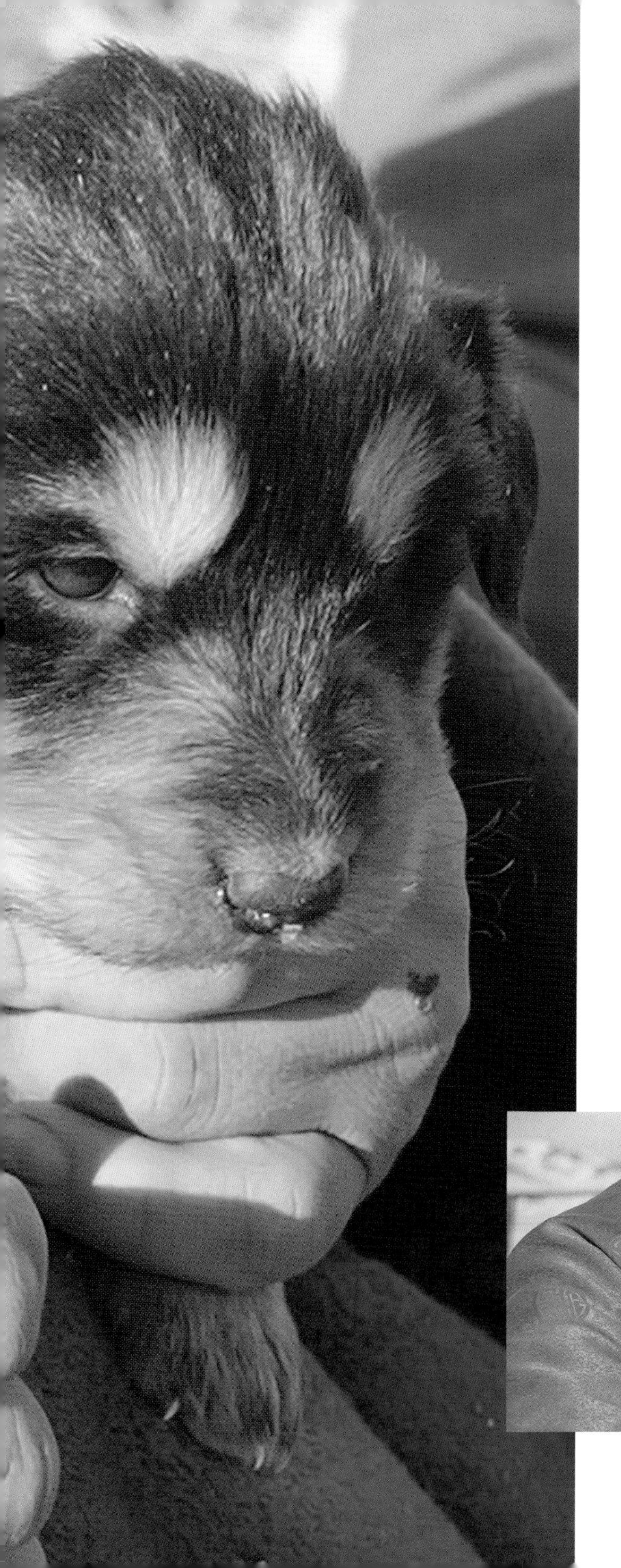

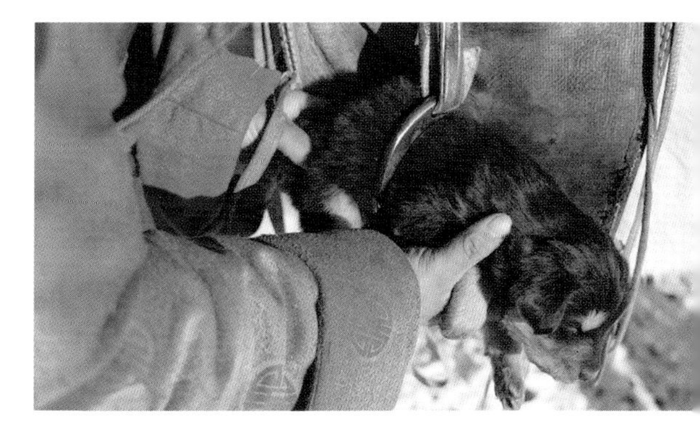

자신의 게르로 돌아가기에 앞서,
말안장의 발걸이에
강아지를 통과시킨다.

가족의 일원으로 받아들이는
작은 의식이다.

"(유목 생활을) 잘 견딜 수 있고,
사자처럼 힘이 세고,
용기 있는 큰 개가 될 것 같아요.
좋은 날, 좋은 시간에 강아지를 데려와서
기분이 너무 좋아요."

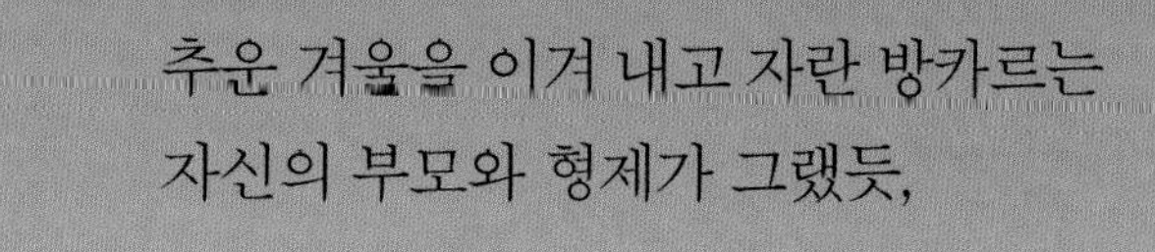

추운 겨울을 이겨 내고 자란 방카르는
자신의 부모와 형제가 그랬듯,

거침없이 몽골의 대지를
누빌 것이다.

몽골의 유목민에게 방카르는 특별한 존재다.

말은 통하지 않지만,
눈빛만으로 서로의 마음을 읽을 수 있다.

이름을 부르자
힘겹게 걸어 나오는 개.

척트 다시와
가장 오랜 세월을 함께했다.
올해 열세 살의 노견.

"이름이 조쉬예요. 토박이 조쉬…
눈 위에 있는 이 털이
어렸을 때 딱 동전처럼 둥근 모양이었어요."

추위 때문인지 온몸을 떠는 조쉬.
건강 상태가 예전 같지 않다.

"13년 동안 친하게 지내 왔어요.
이제 늙어서 밥도 잘 못 먹고.
너무 슬퍼요.
조쉬를 볼 때마다
시간이 얼마 안 남은 걸 느껴요.
얼마나 힘들지…."

벌써 2주째 잘 먹지도 못하고,
좋아하는 눈이 와도
집으로 들어가 버린다.

기운이 없어서인지
잘 걸으려고 하지 않는다.

도와줄 수 없는 게 안타까울 뿐이다.

13년 전 이사한
울란바토르 외곽의 집.

조쉬가 마음껏 뛰어놀 수 있는
놀이터를 만들어 주고 싶었다.

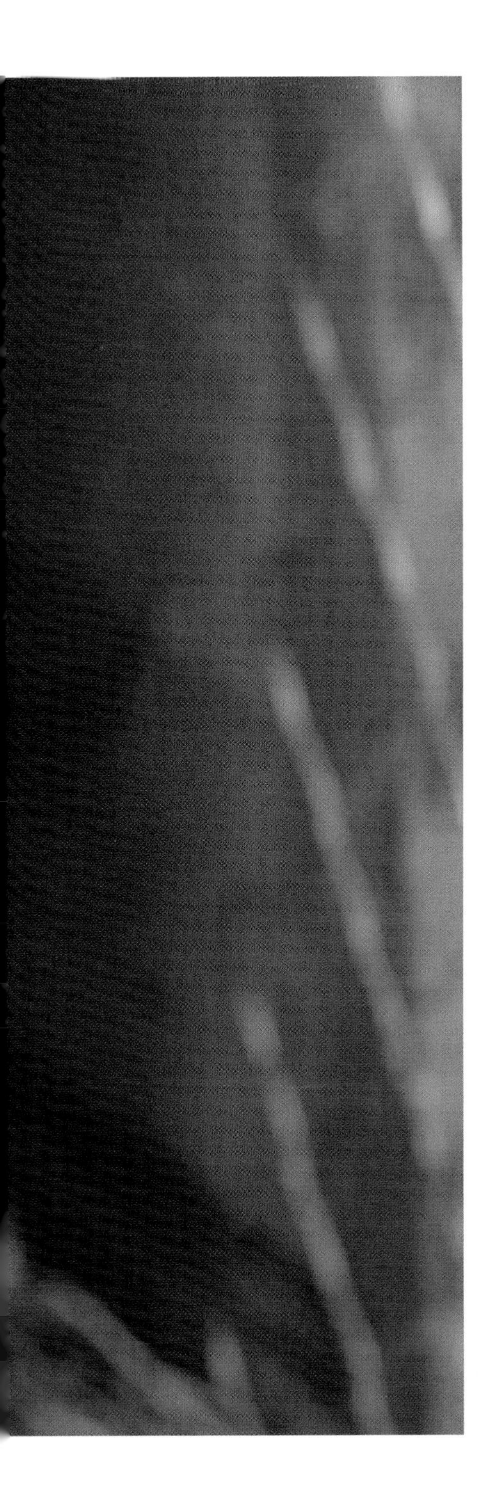

아름답고 행복했던 추억을 뒤로 한 채,
믿고 싶지 않던 이별의 시간이 다가오고 있다.

"몽골인들은
'반려견이 죽을 때
많이 슬퍼하면 안 된다.'
라고 생각해요.

왜냐하면 다음 생에 사람으로 환생한다고
믿기 때문이에요. 그래서 개의 죽음은 안타까운 게
아닌 거죠."

윤회를 믿는 몽골인에게

죽
음
은 곧 삶.

심지어 방카르가
자신의 아이로 환생할 수 있다고 생각했다.

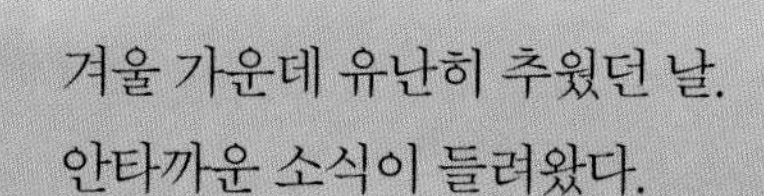

겨울 가운데 유난히 추웠던 날.
안타까운 소식이 들려왔다.

제발 이 고통의 시간이 길지 않기를.
그렇게 조쉬는 하늘나라로 떠났다.

소중한 나의 개.
소중한 나의 친구.
성실하고 사려 깊은 성격으로
항상 기쁨을 안겨 주던

조쉬의 마지막 순간이 편안했기를.

"13살이면 충분히 살았다고 볼 수 있죠.
늙고 힘이 약해서 어쩔 수 없어요."

나에게 와 줘서
고맙다는 말을 하고 싶었다.

어느 날 운명처럼 다가온 개.
그날부터 낮과 밤, 모든 순간을 함께했다.

여름의 푸른 초원에,

눈 덮인 겨울 대지에

잊지 못할 추억들이 쌓였다.

죽은 조쉬를 데리고 산으로 향한다.
사람들이 개의 뼈를 밟지 못하게 하고,
신의 세계와 가깝게 두기 위해 높은 곳에 묻는다.

우유는 순수함의 상징이다.
시신을 정갈하게 하고 잡귀를 쫓는다.

"산신령께 개를 부탁하고,
사람으로 태어날 때까지 도와 달라고
우유를 올려요."

아홉 개의 조각에 담아 뿌리는 것은
아홉 개의 소망이 이루어지라는 의미다.

인간으로 환생하기 바라는 염원을 담아
방카르의 꼬리를 자른다.
그리고 죽은 개의 머리맡에 둔다.
더 이상 개가 아니라는 뜻이다.

부유하게 태어나기 바라는 마음으로
입에는 버터를 물렸다.

마지막으로 저승에서 헤매는 시간 동안 배고프지 않도록
시신 주변에 쌀을 뿌려 준다.

"몽골인들은 사람이 태어나기 선에
전생의 업보 때문에 개로 먼저 태어난다고 생각해요.
그래서 (개가) 죽으면 꼭 사람으로 태어난다고 믿어요."

개는 업보를 진 사람의 환생이고,
살면서 좋은 덕을 쌓으면
사람으로 환생한다고 믿었다.

"좋은 사람으로
이 세상에 빨리 돌아와."

방카르의 역사는 길고 오래됐지만,
지금도 현재 진행형이다.
방카르의 이름을 부르는 것으로
시작되는 유목민의 하루.

장난을 좋아하고 사교적인 안나르는
시네 앞에서 유독 애교쟁이가 된다.

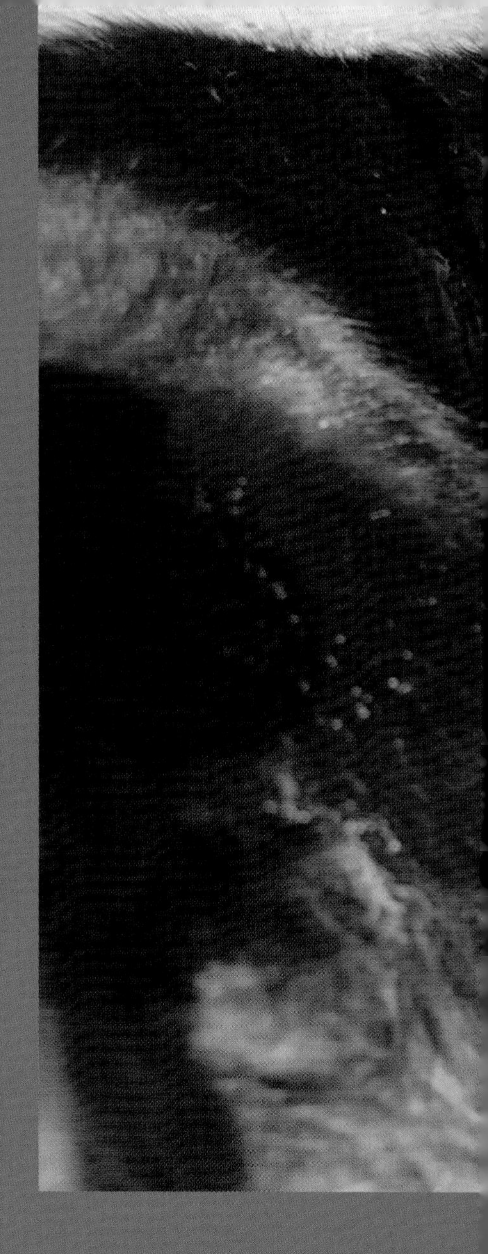

볼까마는 새벽까지
게르를 지키다 잠이 들었다.

시네가 부르면 먹던 밥그릇도 놓고
달려오는 녀석인데,
어젯밤은 유난히 피곤했던 모양이다.

네르귀 가족의 형제들도
방카르와 아주 가까운 사이다.
어릴 때부터 몸을 맞대고
함께 뒹굴며 자랐다.

"사랑하는 동생들,
사랑하는 방카르와 함께 있어서
자유롭고 좋아요."

소년이 말을 타고 가면

방카르가 조용히 뒤를 따른다.

양과 염소를 키우면서 생긴 무언의 약속.

몽골의 대지는 고향이자 삶의 터전이었고,
유목민과 방카르는 야생의 위협 속에서 서로를 믿고 의지했다.
하지만 한때 목축 장비가 발달하면서 방카르 숫자가 줄어들었고,
그러자 이상한 일이 생겼다.

"방카르가 없어지니까 표범도 없어졌어요.
왜냐하면 표범이 가축을 잡아먹으니까 사람들이 표범을 많이 죽였대요.
지금은 방카르가 많아져서 표범도 다시 많아졌어요."

방카르가 사라지자
생태계는 파괴됐고,
자연은 황폐해졌다.

방카르는 몽골 초원의 수호자였다.

"방카르는 저의 가장 친한 친구예요.
가족 중의 하나죠."

용맹한 수호견 방카르.

유목민의 가슴 속에 저마다의 이야기가 되어
앞으로도 오랫동안
몽골의 역사와 함께할 것이다.

EBS
이창용 CP, 김한동 CP

최우진
다큐프라임 「더 도그」 구성 및 원고 집필.
20년 간 「인간극장」, 「추적 60분」, 「한국기행」 등 방송 다큐멘터리를 집필한 작가인 동시에 「본 어게인」, 「마우스」, 「블라인드」 등 드라마 기획에 참여한 프로듀서다. 「워킹 데드」의 제작사인 스카이 바운드와 한미 합작 드라마를 기획하기도 했다. 현재는 원천 IP 기획 개발 및 작가 회사인 스토리위드의 대표를 맡고 있다.

김영주
다큐프라임 「더 도그」 기획.
20년 간 「다큐프라임」, 「과학다큐 비욘드」, 「SBS 스페셜」 등 방송 다큐멘터리를 연출한 PD인 동시에 「청춘 전당포」, 「유학 다녀오겠습니다」, 「아이돌 법정 추리 게임 배심원24」 등을 기획한 기획자이다. 현재는 「세계테마기행」, 「다큐프라임」 등 다큐멘터리 제작사인 ㈜더스튜디오다르다의 총괄 본부장을 맡고 있다. 시베리안 허스키 두근이와 동거 중이다.

박세훈
다큐프라임 「더 도그」 연출.
20년 간 「세계테마기행」, 「인간극장」, 「수요기획」 등 방송 다큐멘터리를 연출한 PD이다. 현재는 「세계테마기행」, 「다큐프라임」 등 다큐멘터리 제작사인 ㈜더스튜디오다르다의 대표를 맡고 있다.

방세영
다큐프라임 「더 도그」 연출.
20년 간 「세계테마기행」, 「한국기행」, 「다큐프라임」 등 방송 다큐멘터리를 연출한 PD이다. 현재는 「세계테마기행」, 「다큐프라임」 등 다큐멘터리 제작사인 ㈜더스튜디오다르다의 제작 본부장을 맡고 있다.

다큐프라임 더 도그 제작진
제작사 : ㈜더스튜디오다르다
안솔이, 차은비, 채민지, 조예은, 정유진, 정갑수, 김제현, 김기철, 김태균, 권도훈

EBS 더 도그 The Dog

초판 1쇄 인쇄
2024년 8월 5일
초판 1쇄 발행
2024년 8월 20일

제작
EBS 다큐프라임
<더 도그> 제작진

펴낸이
백영희

펴낸곳
너와숲ENM

주소
14481 경기도 부천시
부천로354번길 75, 303호

전화
070-4458-3230

등록
제2023-000071호

ISBN
979-11-93546-34-5(03680)

정가
39,500원

기획
EBS

이 책을 만든 사람들

편집
허지혜
마케팅
유승현

제작처
예림인쇄

디자인
글자와기록사이